Beate und Gerd Ulmer (Hrsg.) · Ein Herz für Kinder

BEATE UND GERD ULMER (Hrsg.)

Ein Herz für Kinder

Vergnügliche und besinnliche Geschichten
aus dem Familienalltag

CHRISTLICHES VERLAGSHAUS
STUTTGART

Bücher mit diesem Zeichen wollen
aktuell und biblisch Christus bezeugen.

ABCteam-Bücher erscheinen in folgenden Verlagen:

Aussaat- und Schriftenmissions-Verlag Neukirchen
R. Brockhaus Verlag Wuppertal
Brunnen Verlag Gießen (und Brunnquell Verlag)
Christliches Verlagshaus Stuttgart
(und Evangelischer Missionsverlag)
Oncken Verlag Wuppertal

Umschlaggestaltung: Dieter Betz, Weissach
unter Verwendung eines Fotos von
ZEFA/STOCKMARKET
Gesamtherstellung: Druckhaus West GmbH, Stuttgart
ISBN 3-7675-2591-7

Inhalt

Vorwort

Wir beschäftigten uns schon länger mit dem Thema »das Kind und seine Welt«. Auf der Suche nach geeigneten Erzählungen entdeckten wir Erinnerungen aus der Kinderzeit, geschrieben von bekannten und weniger bekannten Christen. Eine erstaunliche Welt tat sich uns auf, eine Welt, an der wir in dieser Form auch unsere Leser teilhaben lassen möchten. Vergnügliches und Zauberhaftes steht neben nachdenkenswerten und auch leidvollen Erfahrungen. Sie zeigen mit manchmal überraschendem Ausgang, daß Kinder anders sind, als Eltern oft glauben. Sie wollen als eigenständige Persönlichkeiten angenommen und geliebt sein – wie Gott auch uns Erwachsene vorbehaltlos liebt und annimmt. Dies gilt für gesunde und in besonderem Maße für behinderte und todgeweihte Kinder, bei denen Gott das Verwunden für richtiger hält als das Wunder einer Heilung (s. P. Deitenbeck, Annette).
Daß Gott uns mit Kindern reich machen will, vermitteln die vorgelegten Kurzgeschichten auf jeweils eigene Weise. Zugleich erhellen sie die besonders für Väter schwer zugängliche Seele eines Kindes. Sie sind also in erster Linie *Herzenssache* und zeigen, daß alle pädagogischen Anstrengungen zuerst durch das Filter des Herzens müssen, ehe sie etwas Positives an unseren Kindern ausrichten können.

Beate und Gerd Ulmer

Wenn du mal schlechte Laune hast
und laut sagst, ich sei eine Last,
dann halt ich dir entgegen:
»Kinder sind ein Segen!«

Angela Sommer-Bodenburg

Ohne Mutter geht es nicht

Barbara Seuffert

Die Liebeserklärung

Die Sommerferien waren ausgebrochen.

Wir wollten verreisen. Die Koffer standen fertig gepackt auf dem Flur. Daß die Handwerker ausgerechnet an diesem Tag noch ein paar Türen, Fenster und Fußbodenbretter einbauen wollten, konnten (und wollten) wir nicht verhindern. Wir hatten sie ja seit Wochen herbeigefleht. »Aber beeilen Sie sich bitte, denn wenn alle Kinder mit ihren Zeugnissen von der Schule zurück sind, fahren wir los.«

Es war das reinste Durcheinander.

Ich stand in der Küche und machte »klar Schiff«.

Da kroch durch die Tür zu ebener Erde unser Jüngster in die Küche. Er war vollgeschmiert mit Spucke, Tränen und Erde, hatte die Höschen voll, war verheult und unbeschreiblich verdreckt.

»Sag mal, wo kommst du denn her? Wie siehst du denn aus?« Ich schimpfte wie ein Rohrspatz. Mußte mir der Bengel noch in letzter Minute solche Arbeit bescheren! Wälzt sich im Dreck! Und in wenigen Minuten soll's losgehen! »Ich denke, du bist oben in deinem Zimmer und packst deine Reisetasche? Komm mal her.« Resolut packte ich das Elendshäufchen am Schlafittchen und zog ihm seine verschmutzten Hosen und Strümpfe aus. »Ich verstehe nicht, wie man sich so schmutzig machen kann«, sagte ich. »Und wo du so viel Dreck gefunden hast. Also, den muß ich erst einmal abwaschen. Ich erkenne ja meinen Jungen gar nicht mehr richtig.«

Ich ließ eine große Schüssel mit warmem Wasser vollaufen und stellte das Bübchen hinein. »Was hast du denn bloß angestellt? Wie hast du das denn gemacht, daß ich dich von Kopf bis Fuß abseifen muß? Du warst doch eben noch oben im Kinderzimmer, stimmt's?«

Er nickte.

»Und wie kommst du hierher?« Eifrig schrubbte ich seine Beine ab.

»Durchs Fenster.«

»Also, das ist doch wirklich nicht zu fassen. Geht der Bengel durchs Fenster! Wozu sind denn Türen da? Kannst du nicht wie ein normaler Mensch durch die Tür gehen? Ich kann das nicht leiden, das weißt du. Und immer wieder kletterst du durch die Fenster raus und rein. Wie oft soll ich dir das noch verbieten?« Ich bearbeitete seinen Rücken mit Seifenschaum.

»Bin ja gar nicht durchs Fenster geklettert.«

»Soso. Und wie bist du auf den Hof gekommen?«

»Bin aus dem Fenster gefallen.«

»Natürlich. Das kommt davon, wenn du auf diesen glitschigen Fensterbrettern und zwischen meinen Blumen herumturnst. Aber warum habe ich das gar nicht mitgekriegt? Bist du nebenan durch das Toilettenfenster gestiegen?«

»Nein, durchs Kinderzimmerfenster.«

»Wieso? Das liegt doch oben. Wie kannst du denn durch das Kinderzimmerfenster klettern?«

»Bin rausgestürzt.«

Ich begriff gar nichts und war vollauf mit meiner Wäsche beschäftigt.

»Also nein, wie du aussiehst!« Ich rubbelte energisch in seinem Gesicht herum. »Wieso bist du denn da hinausgestürzt? Wie kam das denn?«

Er sprach ganz leise: »Ich wollte meinem Vogel doch zum Abschied noch eine Fliege fangen. Und da bin ich aufs Fensterbrett gestiegen, und da habe ich gar nicht gemerkt, daß das Fenster offen war, und da bin ich hinausgestürzt.«

»Wie – «. Meine Reinigung war fast beendet. »Wieso... Du bist von oben aus dem Fenster gefallen? Auf den Hof? Aber wie kommst du denn in die Küche?«

»Bin ich hingekrochen. Weil, hier warst du ja«, sagte er matt.

»Du bist aus dem oberen Stockwerk auf die Steine gefallen?« wiederholte ich ungläubig.

»Jaja«, nickte er, und sein Kinn flatterte.

»Aber das sind doch sechs Meter. Bist du sechs Meter tief gestürzt?«

»Ja«, nickte er.

»Und du lebst noch?

Und dir tut nichts weh?«

Jetzt fiel der Groschen.

Mir versagte die Stimme, ich dachte immerzu: Sechs Meter und auf die Steine! Er ist aus dem Fenster gestürzt und auf die Steine gefallen und lebt!

Die Seife glitt mir aus den Händen. Meine Arme fielen kraftlos herab.

Das Kind klammerte sich an meiner Schürze fest, weil ich unfähig war, es länger zu halten. Die Waschschüssel kippte um.

Die Erkenntnis, daß der kleine Junge den Sturz überlebt hatte, traf mich wie ein Keulenschlag. Ich konnte mich gar nicht mehr rühren. Ich konnte auch nicht mehr reden. Gelähmt. Geschockt.

Plötzlich – der Mutterinstinkt – riß ich den Jungen an mich, wickelte Handtücher und Decken um ihn, trug ihn auf meinen Armen zum Auto, das der Vater gerade aus der Garage holte, und rief: »Schnell, fahr ganz schnell zur Unfallklinik. Jakob ist aus dem Fenster gefallen. Alles andere erzähle ich dir später.«

Wie einen kostbaren, zerbrechlichen Schatz trug ich das Kind zur Röntgenabteilung, überhörte die Kritik, daß man ein verletztes Kind sachkundig transportieren muß, was mir denn einfalle, und daß ich alles falsch mache. Wir waren bestens bekannt in der Abteilung, weil wir jede Woche erschienen. Mal ein verstauchter Daumen, mal ein gebrochener Arm...

»Na, bist du schon wieder da?« schäkerten die Krankenschwestern. Meine Angaben wollten sie mir kaum glauben: »Was? Sechs Meter und auf Steine? Und da tragen Sie ihn hier fröhlich herein? Das ist ja ein Wunder!«

Ja, das war ein Wunder.

Staunend betrachteten die Ärzte die Röntgenaufnahmen. Ein kleiner Riß am Sitzknochen, der liegend ausgeheilt werden müßte. Aber sonst nichts weiter.

»Stimmt das denn wirklich mit der Höhe und dem Steinpflaster?«

»Doch, doch, es stimmt.«

»Wie kommt das denn, Jakob, daß du so viel Glück hattest? Kannst du dir das erklären?«

»Naja«, lächelte er auf seiner weißbezogenen

Liege, seine Nase war ganz blaß geworden, »naja, ich habe doch gebetet.«

Die Ärzte und Schwestern schauten milde und verständnisvoll drein. Nun ja, der Sohn vom Pfarrer...

Ich dachte daran, daß er abends immer betet, Gott möge ihn behüten, aber reicht das denn für den Tagesbedarf und für solche Höhenflüge?

»Wann hast du denn gebetet?« wollte ich wissen.

»Ach, wie ich da unten angekommen war, habe ich gebetet: ›Lieber Gott, laß mich doch bitte noch ein bißchen leben. Meine Mutter will mich doch so gerne haben.‹«

Ich weiß, daß dies die schönste Liebeserklärung war, die ich je als Mutter bekommen habe. Da habe ich nun so viele Jahre herumgeredet, gestritten, geschimpft, gezetert, gemeckert, und das Kind hat trotzdem gespürt, wie gerne ich es habe, daß ich es haben will und daß es sich lohnt zu leben.

Also, da kamen mir die Tränen. Selbst der Unfallchirurg hatte feuchte Augen.

»Lieber Gott, laß mich bitte noch ein bißchen leben. Meine Mutter will mich doch so gerne haben.«

Hanna Ahrens

»Ohne uns würdest du es nie schaffen!«

Um das Interesse von meiner Schreibmaschine auf sich zu lenken, sagt Micha: »Mammie, warum schreibst du eigentlich immer... Geschichten und so...?«

»Weil es mir Spaß macht und weil ich sagen möchte, daß ihr mir Spaß macht, daß ich mich über euch freue und nicht, daß ihr nur Arbeit macht...«

»Wieso!? Wir Arbeit machen??? Ich habe gestern gearbeitet! Weißt du noch? Das ganze Haus haben wir saubergemacht. Ich habe richtig Muskelkater!«

»Ja, ihr habt viel getan!«

»Ohne uns würdest du es nie schaffen, stimmt's?«

»Ja, das stimmt.«

»Mammie? Soll ich dir Licht machen?«

»Nein, danke.«

»Dann kann ich ja gehn, wenn du mich nicht brauchst! Mammie? Susanne hat den Wellensittichen kein Wasser gegeben!«

»Sie ist ja noch gar nicht aufgestanden.«

»Soll ich sie wecken?«

»Nein, dann wird sie böse.«

»Mammie? Ich geh' jetzt. Was soll ich mir anziehen? Die Sonntagshose vielleicht?«

»Zieh ruhig die Jeans an.«

»Jeans? Du weißt, daß die zu klein sind. Gut wäre es, dann könnte ich prima drauf malen, lauter Häuser und alles. In der Schule zum Beispiel, wenn ich nicht drankomme. Manchmal komme ich nie dran. Ich bin zu weit vorne, darum sieht sie mich nicht. Aber da vorn kann ich gut sehen. Wenn ich mich umdrehe, kann ich alle sehen. Mammie? Mein Ohr tut weh! Ist da vielleicht Dreck drin?«

»Ja, ein bißchen.«

»Mammie, wie lange dauert es noch?«

»Was?«

»Das Schreiben.«

»Ich höre auf.«

»Gut, dann kannst du mich ja anziehen.«

Ruth Seamands

Ein Tag mit meinen Engeln

Ein Himmel ohne Engel ist kein Himmel, und für neun Monate im Jahr mußten wir zwei von unseren vier Engeln zwölfhundert Kilometer weit fort ins Internat schicken. Das war die einzige Möglichkeit, ihnen eine Ausbildung in englischer Sprache und amerikanischem Lehrstoff zu sichern. Jedes Jahr fuhren mein Mann J. T., Sandy, Klein-Linda und ich außerdem nach mehreren Monaten harter Arbeit in der heißen Ebene Südindiens hinauf in das Palni-Gebirge zu dem 2100 Meter hoch gelegenen Kodaikanal, holten unsre beiden Kinder für einen Monat aus dem Internat und ließen sie dafür in die Tagesschule gehen. Das waren unsre Ferien. Aber nach so langer Trennung mußten wir uns erst wieder kennenlernen. Sylvia und Sheila konnten sich gar nicht beruhigen, wie Sandy gewachsen war und was für ein tüchtiges Baby wir hatten, das schon so gut pfeifen konnte. Unsere ganze Wohnung wackelte von dem Sturm des Sich-wieder-Kennenlernens!

Bei meinen beiden größeren Engeln war immer vieles reparaturbedürftig. Ärmel waren zu kurz geworden und Kleidersäume mit Sicherheitsnadeln »ausgebogt«. Die Ponys waren über die Augenbrauen hinausgewachsen, die Strümpfe paßten nicht zusammen, und die Schuhe waren voller Löcher.

Gewiß, ich war Missionarin; ich war aber auch Mutter, und es bedeutete ein Glück für mich, mit meinen Kindern zusammenzusein – auch wenn so viel zu reparieren war.

Sylvia, unsre älteste Tochter, wollte immer Ärztin werden, und nachdem sie in der Oberschule ein Jahr Biologie gehabt hatte, wußte sie schon eine Menge über den menschlichen Körper. Ich mußte mich sehr klar ausdrücken, wenn ich ihr eins meiner vielen Krankheitssymptome beschrieb. Als sie den zweiten Tag zu Hause war, hatte sie Schmerzen im Bauch, und ich sagte ruhig: »Du hast wahrscheinlich Würmer.«

»Nein« erwiderte sie ernst, »ich glaube, ich habe einen Klappenkrampf. Und ich bin mir nicht sicher, ob mir Braten zusagt.«

Ich stellte das Essen auf den Tisch. Nachdem Sylvia und Sheila vier Monate lang von Internatsessen gelebt hatten, hatten sie mich gebeten, ihnen jeden Tag drei aus vier Gängen bestehende Mahlzeiten zuzubereiten. Sie wurden niemals satt.

Ich rief die übrige Familie zu Tisch. Ich bin glücklich, daß J. T. der Vater meiner Kinder ist. Aber er kann sich nie erinnern, wo er die Jeep-Schlüssel und viele andere Sachen hingelegt hat. Während wir an diesem Tag unsre Mahlzeit einnahmen, erläuterte er uns eine Abhandlung über »Theistische Evolution« und aß dabei ein Sandwich mit Ziegenbraten. Nein, wir essen natürlich Hammelbraten in Indien – nur stellt sich gewöhnlich heraus, daß es Ziege ist. Wie dem auch sei, Sandy fand, daß das Sandwich gut aussah, und sagte: »Pappi, mach mir bitte auch eins!«

Während J. T. in einfachem Englisch über tiefe theologische Wahrheiten sprach, häufte er auf ein

Stück Brot zwei saftige Scheiben Ziegenbraten, etwas Senf (um den Geschmack zu mildern), selbsteingelegte Pickles, eine Scheibe Tomate und ein Salatblatt. Er war noch tief in seine Gedanken und Erörterungen versunken, als Sandra mit kläglicher Stimme rief: »Pappi, du hattest das Sandwich doch für mich gemacht, und nun ißt du es selbst auf!«

Ein paar Brotkrumen, ein Restchen Salat und einige Tropfen Gewürzgurkensaft fielen noch von seinen Fingern herab...

Sheila und Sylvia gingen wieder in die Schule, und zwei indische Kinder kamen, um mit Sandra zu spielen. Ich sagte ihnen, sie sollten ins Gästezimmer gehen, um Klein-Linda nicht zu wecken. Ein paar Minuten später kam Sandra und sagte mit ernstem Gesicht: »Mami, du hast gesagt, wir sollten im Gästezimmer spielen. Aber im Gästezimmer ist ein Teufel, im Wohnzimmer ist ein Geist, auf der Veranda ist ein ungezogenes Mädchen, und auf dem Baum ist eine Kobra. Wo sollen wir nun spielen?«

Hatten die kleinen Gäste so viel Phantasie? Oder brauchte Sandra nach dem Abschied von ihren zwei großen Schwestern ein Gruselkabinett, um sich abzulenken? Ich riet Sandra, dem Teufel zu sagen, er befinde sich im Hause eines Missionars und solle sich fortscheren. Sie ging an die Tür des Gästezimmers und schrie in kanaresischer Sprache: »He, Teufel! Mach, daß du hier rauskommst! Dies ist ein Missionshaus, und wir wollen Kirche spielen. Du bist hier am verkehrten Platz.« Ein paar Minuten später spielten die Kinder fröhlich im Gästezimmer Kirche – ein Abenteuer für die kleinen Inder und ein Stück kindlicher Verkündigung.

Sheila und Sylvia! Ich esse gern Brathähnchen zum Abendbrot. Ich esse es noch lieber, wenn es mit anregender Unterhaltung serviert wird. Unser Hähnchen war an jenem Abend ausgezeichnet, das heißt, es fing an, es zu sein. Während ich mir einen Bissen zartes, weißes Fleisch schmecken ließ, das ich freigebig mit einer kalorienreichen Soße übergossen hatte, dachte ich an ein Gespräch beim Hähnchenessen vor zwei Wochen. Sylvia sagte: »Mutter, heute war es herrlich in Biologie. Ich habe einen Frosch betäubt und aufgeschnitten, während sein Herz noch schlug. Dann habe ich besonders sein Herz und seine Lunge beobachtet. Hast du schon einmal das Innere eines Frosches gesehen?«

Mein Magen hob sich, und ich legte das Hähnchen auf den Teller. »Nein! Bitte sprich von etwas anderem und laß mich mein Hähnchen genießen. Sheila, möchtest du ein Bein?«

»Da wir einmal von Hähnchen und Fröschen und solchen Sachen sprechen, Mutter«, erwiderte Sheila, »weißt du, wie ein Schnabeltier seine Jungen füttert?«

Ich schluckte wieder etwas Soße hinunter und versuchte meinen Magen zu beruhigen.

»Nein! Wie denn? Ich nehme an, wie jeder andere Vogel.«

»Ein Schnabeltier ist kein Vogel. Es ist ein Säugetier.« Sheila glühte vor Wissen. »Es brütet aber Eier aus, indem es sie unter seinem Schwanz herumträgt. Um die Jungen zu füttern, sondert es in kleinen, beutelähnlichen Gebilden Milch ab, die die Jungen auflecken wie kleine Hunde. Bitte gib mir noch ein Hühnerbein!«

»Jetzt habe ich aber eure Froschherzen und Schnabeltierbeutel satt!« sagte ich bestimmt. »Sprecht über etwas Verdauungsförderndes, und laßt mich endlich mit Appetit essen!«

»Über etwas Verdauungsförderndes?« sagte Sylvia, und der Schalk guckte ihr aus den Augen. »Vielleicht so etwas wie Magensäfte, Galle und Säuren? Mutter!« unterbrach sie sich. »Iß nicht so viel Soße! Sie ist zu fett!«

»Kümmere du dich um deine Magensäfte und Froschherzen«, knurrte ich, »und ich werde mich um die Bratensoße kümmern.«

»Mutter, röstest du heute abend etwas Mais?« fragte Sheila zwischen zwei Bissen.

Ich seufzte, da ich sehnsüchtig daran dachte, wie gern ich im Bett lesen würde.

»Ich habe noch viel zu tun. Wenn ich nicht zu müde bin, vielleicht!«

»Bitte sag ja! Wirst du ein bißchen rösten?«

»Ja, wenn ich Lust dazu habe.«

Sheila blickte zum Himmel auf und sagte in psalmodierendem Tonfall: »Oh, hoffentlich hat sie Lust!« Dann kam sie mit einem Seufzer wieder zur Erde zurück und sagte traurig: »Heute bin ich zum letztenmal Klassensprecherin. Miß Liddle sagt, ich sei der richtige Typ dafür.«

»Zu schade, daß du nicht Präsident der Vereinigten Staaten werden kannst!« meinte ihr Vater.

»Warum nicht, Papi? Ach ja – weil ich ein Mädchen bin. Ich gebe meinen Vorsitz gar nicht gern auf. Aber schon gut! Ich hatte eine schöne Regierungszeit.«

Sheila setzte die kleine Linda auf das Töpfchen.

Die andern Kinder trollten sich fort, und J. T. und ich lächelten uns über die schmutzigen Teller und die aufgehäuften Hühnerknochen hin zu. Er nahm einen Augenblick meine Hand in die seine, und ich hatte das Gefühl, als dächte er dasselbe wie ich. Ich dachte, was für reizende Kinder wir haben und wie stolz er sein müsse, der Vater solch einer Sippe zu sein. Dann fragte er sanft: »Hast du die Stromrechnung schon bezahlt?«

Ehe ich antworten konnte, gab es ein dumpfes und ein schepperndes Geräusch und einen Schrei. Linda war vom Töpfchen gefallen und hatte es über sich gestülpt. Nachdem ich sie für die Nacht zurechtgemacht hatte, beantwortete ich noch einige Briefe. Alles in allem war es ein herrlicher Tag gewesen. Kein Gedanke an Langeweile, wenn ein Tag angefüllt ist mit Ponyfrisuren, Säumen, Vorlesungen über Frösche und Schnabeltiere, Schlangen, mit Töpfchen und geröstetem Mais.

Das Haus ächzte und begab sich zur Ruhe. Ich tat das gleiche – eine ganz gewöhnliche Mutter mit ganz gewöhnlichem braunen Haar, mit ganz gewöhnlichen grünen Augen, der in meinem Alter üblichen Anzahl von Falten (vielleicht auch mit ein paar mehr!), mittelgroß, mitteldick, mit mittelgroßen Füßen. Aber ich bin trotzdem etwas Besonderes, weil ich die Mutter von vier Töchtern bin, von denen drei rotes Haar haben. So komme ich mir durchaus nicht gewöhnlich vor.

Nachdem ich am Abend noch den Mais geröstet hatte, sagte Sheila voll inbrünstiger Dankbarkeit: »Hab Dank, lieber Gott, daß sie Lust dazu hatte!«

Während wir mit den beiden Großen zusammensaßen, tastete Sylvia ihre Herzgegend mit den Händen der zukünftigen Ärztin ab und meinte: »Ich bin froh, daß du hier bist, Mami! Wir müssen diesen Klappenkrampf beobachten.«

Die kleine Linda pfiff im Schlaf. Sandra hatte mich, als ich ihr den Gutenachtkuß gab, fest gedrückt und gesagt: »Du bist wundervoll, Mami! Ich hoffe, ich werde eines Tages eine so gute Mami wie du.«

Und schon halb im Schlaf umschlossen mich die Arme meines Mannes.

Der Vater und sein(e) Kind(er)

Peter Rosegger

Ums Vaterwort

Ich habe im Grunde keine schlechte Erziehung genossen, sondern gar keine. War ich ein braves, frommes, folgsames, anstelliges Kind, so lobten mich meine Eltern; war ich das Gegenteil, so zankten sie mich derb aus. Das Lob tat mir fast allezeit wohl, und ich hatte dabei das Gefühl, als ob ich in die Länge ginge, weil manche Kinder wie Pflanzen sind, die nur bei Sonnenschein schlank wachsen.

Nun war mein Vater aber der Ansicht, daß ich nicht allein in die Länge, sondern auch in die Breite wachsen müsse, und dafür sei der Ernst und die Strenge gut.

Meine Mutter hatte nichts als Liebe. Liebe braucht keine Rechtfertigung, aber die Mutter sagte: wohlgeartete Kinder würden durch Strenge leicht verdorben, die Strenge bestärke den in der Jugend stets vorhandenen Trotz, weil sie ihm fort und fort neue Nahrung gebe. Er schlummere zwar lange, so daß es den Anschein habe, die Strenge wirke günstig, aber sei das Kind nur erst erwachsen, dann tyrannisiere es jene, von denen es in seiner Hilflosigkeit selbst tyrannisiert worden sei. Hingegen lege die liebevolle Behandlung den Widerspruchsgeist schon beizeiten lahm; Kinderherzen seien wie Wachs, ein Stück Wachs lasse sich nur um die Finger wickeln, wenn es erwärmt sei.

Mein Vater war von einer abgrundtiefen Güte, wenn er aber Bosheit witterte oder auch nur Dummheit, da konnte er scharf werden. Es dauerte aber nie lange. Er verstand es nur nicht immer, das rechte Wort zu sagen. Bei all seiner Milde hatte der mit Arbeit und Sorgen beladene Mann ein stilles, ernstes Wesen; seinen reichen Humor ließ er vor mir erst später spielen, als er vermuten konnte, daß ich genug Mensch geworden sei, um denselben aufzunehmen. In den Jahren, da ich das erste Dutzend Hosen zerriß, gab er sich nicht just viel mit mir ab, außer wenn ich etwas Unbraves angestellt hatte. In diesem Falle ließ er seine Strenge walten. Seine Strenge und meine Strafe bestand gewöhnlich darin, daß er vor mich hintrat und mir mit zornigen Worten meinen Fehler vorhielt und die Strafe andeutete, die ich verdient hätte.

Ich hatte mich beim Ausbruch der Erregung allemal vor den Vater hingestellt, war mit niederhängenden Armen wie versteinert vor ihm stehengeblieben und hatte ihm während des heftigen Verweises unverwandt in sein zorniges Angesicht geschaut. Ich bereute in meinem Innern den Fehler stets, ich hatte das deutliche Gefühl der Schuld, aber ich erinnerte mich auch an eine andere Empfindung, die mich bei solchen Strafpredigten überkam: es war ein eigenartiges Zittern in mir, ein Reiz- und Lustgefühl, wenn das Donnerwetter so recht auf mich niederging. Es kamen mir die Tränen in die Augen, sie rieselten mir über die Wangen, aber ich stand wie ein Bäumlein, schaute den Vater an und hatte ein unerklärliches Wohlgefühl, das in dem Maße wuchs, je länger und je ausdrucksvoller mein Vater vor mir wetterte.

Wenn hierauf Wochen vorbeigingen, ohne daß

ich etwas heraufbeschwor, und mein Vater immer an mir vorüberschritt, als wäre ich gar nicht vorhanden, und nichts und nichts zu mir sagte, da begann in mir allmählich wieder der Drang zu erwachen und zu reifen, etwas anzustellen, was den Vater in Zorn bringe. Das geschah nicht, um ihn zu ärgern, denn ich hatte ihn überaus lieb; es geschah gewiß nicht aus Bosheit, sondern aus einem anderen Grunde, dessen ich mir damals nicht bewußt gewesen bin.

Da war es einmal am heiligen Christabend. Der Vater hatte den Sommer zuvor in Mariazell ein schwarzes Kruzifixlein gekauft, an welchem ein aus Blei gegossener Christus und die aus demselben Stoffe gebildeten Marterwerkzeuge hingen. Dieses Heiligtum war in Verwahrung geblieben bis auf den Christabend, an welchem es mein Vater aus seinem Gewandkasten hervornahm und auf das Hausaltärchen stellte. Ich nahm die Stunde wahr, da meine Eltern und die übrigen Leute noch draußen in den Wirtschaftsgebäuden und in der Küche zu schaffen hatten, um das hohe Fest vorzubereiten; ich nahm das Kruzifixlein mit Gefahr meiner geraden Glieder von der Wand, hockte mich damit in den Ofenwinkel und begann es zu verderben. Es war mir eine ganz seltsame Lust, als ich mit meinem Taschenfeitel zuerst die Leiter, dann die Zange und den Hammer, hernach den Hahn des Petrus und zuletzt den lieben Christus vom Kreuze löste. Die Teile kamen mir nun getrennt viel interessanter vor als früher im ganzen; doch da ich fertig war und die Dinge wieder zusammensetzen wollte, aber nicht konnte, fühlte ich in der Brust eine Hitze aufsteigen, auch meinte ich, es würde mir der Hals zugebunden. – Wenn's nur beim Ausschelten bleibt diesmal...? – Zwar sagte ich mir: das schwarze Kreuz ist jetzt schöner als früher; in der Hohenwanger Kapelle steht auch ein schwarzes Kreuz, wo nichts dran ist, und gehen doch die Leute hin, zu beten. Und wer braucht zu Weihnachten einen gekreuzigten Herrgott? Da muß er in der Krippe liegen, sagt der Pfarrer. Und das will ich machen.

Ich bog dem bleiernen Christus die Beine krumm und die Arme über die Brust und legte ihn in das Nähkörbchen der Mutter und stellte so mein Kripplein auf den Hausaltar, während ich das Kreuz in dem Stroh des Elternbettes verbarg, nicht bedenkend, daß das Körbchen die Kreuzabnahme verraten müsse.

Das Geschick erfüllte sich bald. Die Mutter bemerkte es zuerst, wie närrisch doch heute der Nähkorb zu den Heiligenbildern hinaufkäme?

»Wem ist denn das Kruzifixlein da oben im Weg gewesen?« fragte gleichzeitig mein Vater.

Ich stand etwas abseits und mir war zumute wie einem Durstigen, der jetzt starken Myrrhenwein zu trinken kriegen sollte. Indes mahnte mich eine absonderliche Beklemmung, jetzt womöglich noch weiter in den Hintergrund zu treten.

Mein Vater ging auf mich zu und fragte fast bescheiden, ob ich nicht wisse, wo das Kreuz hingekommen sei? Da stellte ich mich schon kerzengerade vor ihn hin und schaute ihm ins Gesicht. Er wiederholte seine Frage; ich wies mit der Hand gegen das Bettstroh, es kamen die Tränen, aber ich glaube, daß ich keinen Mundwinkel verzogen habe.

Der Vater suchte das Verborgene hervor und war nicht zornig, nur überrascht, als er die Mißhandlung des Heiligtums sah. Mein Verlangen nach dem Myrrhenwein steigerte sich. Der Vater stellte das kahle Kruzifixlein auf den Tisch. »Nun sehe ich wohl«, sagte er mit aller Gelassenheit und langte seinen Hut vom Nagel. »Nun sehe ich wohl, er muß endlich rechtschaffen gestraft werden. Wenn einmal der Christi-Herrgott nicht sicher geht... Bleib mir in der Stube, Bub!« fuhr er mich finster an und ging dann zur Tür hinaus.

»Spring ihm nach und schau zum Bitten!« rief mir die Mutter zu, »er geht Birkenruten schneiden.«

Ich war wie an den Boden geschmiedet. Gräßlich klar sah ich, was nun über mich kommen würde, aber ich war außerstande, auch nur einen Schritt zu meiner Abwehr zu machen. Kinder sind in solchen Fällen häufig einer Macht unterworfen, die ich nicht Eigensinn oder Trotz nennen möchte, eher Beharrungszwang; ein Seelenkrampf, der sich am ehesten selbst löst, sobald ihm nichts Anspannendes mehr entgegengestellt wird. Die Mutter ging ihrer Arbeit nach, in der abendlich dunkelnden Stube stand ich allein und vor mir auf dem Tisch das verstümmelte Kruzifix. Heftig erschrak ich vor jedem Geräusch. Im alten Uhrkasten, der dort an der Wand bis zum Fußboden niederging, rasselte das Gewicht der Schwarzwälderuhr, welche die fünfte Stunde schlug. Endlich hörte ich draußen auch das Schneeabklopfen von den Schuhen, es waren des Vaters Tritte. Als er mit dem Birkenzweig in die Stube trat, war ich verschwunden.

Er ging in die Küche und fragte mit wild herausgestoßener Stimme, wo der Bub sei? Es begann im Hause ein Suchen, in der Stube wurden das Bett und die Winkel und das Gesiedel durchstöbert, in der Nebenkammer, im Oberboden hörte ich sie herumgehen; ich hörte die Befehle, man möge in den Ställen die Futterkrippen und in den Scheunen Heu und Stroh durchforschen, man möge auch in den Schachen hinausgehen und den Buben nur stracks vor den Vater bringen. Diesen Christtag solle er sich für sein Lebtag merken! – Aber sie kehrten unverrichteter Dinge zurück. Zwei Knechte wurden nun in die Nachbarschaft geschickt, aber meine Mutter rief, wenn der Bub etwa zu einem Nachbar über Feld und Heide gegangen sei, so müsse er ja erfrieren, es wäre sein Jöpplein und sein Hut in der Stube. Das sei doch ein rechtes Elend mit den Kindern!

Sie gingen davon, das Haus wurde fast leer und in der finsteren Stube sah man nichts mehr als die grauen Vierecke der Fenster. Ich stak im Uhrkasten und konnte durch das herzförmige Loch hervorgukken. Durch das Türchen, welches für das Aufziehen des Uhrwerkes angebracht war, hatte ich mich hineingezwängt und innerhalb des Verschlages hinabgelassen, so daß ich nun im Uhrkasten aufrecht stand.

Was ich in diesem Verstecke für Angst ausgestanden habe! Daß es kein gutes Ende nehmen konnte, sah ich voraus, und daß die von Stunde zu Stunde wachsende Aufregung das Ende von Stunde zu Stunde gefährlicher machen mußte, war mir auch klar. Ich verwünschte den Nähkorb, der mich anfangs verraten hatte, ich verwünschte das Kruzifixlein – meine Dummheit zu verwünschen, das vergaß ich. Es gingen Stunden hin, ich blieb in meinem aufrechtstehenden Sarge, und schon saß mir der Eisenzapfen des Uhrgewichtes auf dem Scheitel und ich mußte mich womöglich niederdukken, sollte das Stehenbleiben der Uhr nicht Anlaß zum Aufziehen derselben und somit zu meiner Entdeckung geben. Denn endlich waren meine Eltern in die Stube gekommen, hatten Licht gemacht und meinetwegen einen Streit begonnen.

»Ich weiß nirgends mehr zu suchen«, hatte mein Vater gesagt und war erschöpft auf einen Stuhl gesunken.

»Wenn er sich im Wald vergangen hat oder unter dem Schnee liegt!« rief die Mutter und erhob ein lautes Klagen.

»Sei still davon!« sagte der Vater, »ich mag's nicht hören.«

»Du magst es nicht hören und hast ihn mit deiner Herbheit selber vertrieben.«

»Mit diesem Zweiglein hätte ich ihm kein Bein abgeschlagen«, sprach er und ließ die Birkenrute auf den Tisch niederpfeifen. »Aber jetzt, wenn ich ihn erwisch', schlag ich einen Zaunstecken an ihm entzwei.«

»Tue es, tue es – 'leicht tut's ihm nicht mehr weh«, sagte die Mutter und begann zu schluchzen. »Meinst, du hättest deine Kinder nur zum Zornauslassen? Da hat der lieb' Herrgott ganz recht, wenn er sie beizeiten wieder zu sich nimmt! Kinder muß man liebhaben, wenn etwas aus ihnen werden soll.«

Hierauf er: »Wer sagt denn, daß ich den Buben nicht liebhab'? Ins Herz hinein, Gott weiß es! Aber sagen mag ich ihm's nicht; ich mag's nicht und ich kann's nicht. Ihm selber tut's nicht so weh als mir, wenn ich ihn strafen muß, das weiß ich!«

»Ich geh' noch einmal suchen!« sagte die Mutter.

»Ich will auch nicht dableiben!« sagte er.

»Du mußt mir einen warmen Löffel Suppe essen! 's ist Nachtmahlzeit«, sagte sie.

»Ich mag jetzt nicht essen! Ich weiß mir keinen anderen Rat«, sagte mein Vater, kniete zum Tisch hin und begann still zu beten.

Die Mutter ging in die Küche, um zur neuen Suche meine warmen Kleider zusammenzutragen, für den Fall, als man mich irgendwo halb erfroren finde. In der Stube war es wieder still, und mir in meinem Uhrkasten war's, als müsse mir vor Leid und Pein das Herz platzen. Plötzlich begann mein Vater aus seinem Gebete krampfhaft aufzuschluchzen. Sein Haupt fiel nieder auf den Arm, und die ganze Gestalt bebte.

Ich tat einen lauten Schrei. Nach wenigen Sekunden war ich von Vater und Mutter aus dem Gehäuse befreit, lag zu Füßen des Vaters und umklammerte wimmernd seine Knie.

»Mein Vater, mein Vater!« Das waren die einzigen Worte, die ich stammeln konnte. Er langte mit seinen beiden Armen nieder und hob mich auf zu seiner Brust, und mein Haar ward feucht von seinen Tränen. Mir ist in jenem Augenblick die Erkenntnis aufgegangen.

Ich sah, wie abscheulich es sei, diesen Vater zu reizen. Aber ich fand nun auch, warum ich es getan hatte. Aus Sehnsucht, das Vaterantlitz vor mir zu sehen, ihm ins Auge schauen zu können und seine zu mir sprechende Stimme zu hören. Sollte er schon nicht mit mir heiter sein, so wie andere Leute waren, so wollte ich wenigstens sein zorniges Auge sehen, sein herbes Wort hören; es durchrieselte mich mit süßer Gewalt, es zog mich zu ihm hin. Es war das Vaterauge, das Vaterwort.

Kein böser Ruf mehr ist in die heilige Christnacht geklungen; und von diesem Tage an ist vieles anders geworden. Mein Vater war seiner Liebe zu mir und meiner Anhänglichkeit an ihn inne geworden und hat mir in Spiel, Arbeit und Erholung wohl viele Stunden sein liebes Angesicht, sein treues Wort geschenkt, ohne daß ich noch einmal nötig gehabt hätte, es mit List erschleichen zu müssen.

Anna Katterfeld

Seliges Kinderland – Über Friedrich von Bodelschwinghs Kindheit

Der kleine Friedrich tat die ersten Schritte ins Leben hinein. Sie waren wie all seine Lebensführungen vorbedeutend und vorbereitend auf den Dienst und das Werk seines Lebens.

Schon früh brachten sie ihn in Berührung mit der großen Ewigkeit. Ein erstes Erinnerungsbild weist darauf hin. Ein Brüderlein lag im Sarge, der mit duftenden Kränzen geschmückt und von brennenden Kerzen feierlich umgeben war. Ehe es starb, hatte das Brüderchen mit dem Finger nach oben gewiesen. Und nach oben richtete sich der Blick des kleinen Friedrich, dem es war, als würde sein Brüderlein geradewegs in den Himmel getragen...

Ein anderes Bild. Es ist nach einer schweren Krankheit des Vaters, der inzwischen Oberpräsident der Rheinlande in Koblenz geworden ist. Neben dem Bett des genesenden Mannes sitzt sein kleiner Bub mit der Fibel in der Hand. Mit dem Lesen geht es noch mühsam, denn es sind die ersten Übungen in dieser Kunst. Der Vater hilft freundlich nach, und glücklich wird der erste Satz zustande gebracht. Er besteht aus lauter einsilbigen Wörtern. Wie eingemeißelt prägen sich die schlichten, kurzen und doch so inhaltsreichen Worte dem Gedächtnis des Kindes ein. Auch sie geben einen hellen Ton zu dem Lied seines Lebens. Und der Satz lautet:

»Mein Kind, Gott ist gut; er hat dich sehr lieb.«

Und noch ein Bild, diesmal in einem Garten drunten am Rhein. Der Oberpräsident hat ihn kürzlich erworben, und die Freude seiner Kinder ist unaussprechlich. Was für ein Freund ist er ihnen, dieser Garten! Was für ein herrlicher Tummelplatz unbegrenzter Freiheit! Wie locken die prächtigen Obstbäume mit all ihren lachenden Früchten im grünen Laub!

Und er ist für die klettergewandten Bodelschwingh-Buben so leicht zu erreichen! Eins, zwei, drei geht's über den Zaun, ohne erst umständlich die Pforte aufzuschließen! Doch dem schiebt das Verbot des Vaters einen Riegel vor. Seine Söhne sollen den Koblenzer Gassenjungen nicht den Weg in fremder Leute Gärten weisen. Von nun an heißt es, hübsch gesittet mit dem Schlüssel durch das Gartentor zu gehen.

Wie kommt es aber, daß der kleine Friedrich heute ganz mutterseelenallein im Garten ist? Mit tränenüberströmtem Gesichtchen sitzt er in der Laube und schaut mit seinen großen, braunen Augen angstvoll und immer wieder nach der Pforte hin.

Während er, in die süße Herrlichkeit vertieft, hoch oben im Kirschbaum gesessen hatte, hatten die größeren Brüder die Pforte verschlossen und den Garten verlassen, weil sie meinten, Friedrich sei schon vorangegangen. Und nun sitzt er da als armer Gefangener...

Aber der Sprung über den Zaun? ... Der ist doch so einfach... Aber: Vater hat's verboten! So klingt es im Herzen des Kindes, und dieses Verbot schließt fester als der Schlüssel der Pforte.

Tränen um Tränen fließen, und schließlich weint

sich das Büblein in seiner verborgenen Laube in den Schlaf.

So finden sie ihn nach Stunden angstvollen Suchens, das sie überallhin, nur nicht in den Garten geführt, weil die Brüder versicherten, Fritz könne ja mit Leichtigkeit über den Zaun.

»Aber mein Sohn, warum bist du denn nicht nach Hause gekommen? Du konntest doch über den Zaun klettern?« fragt der Vater vorwurfsvoll.

»Das hattest du doch verboten, Vater!« ist die Antwort.

Da wandeln sich alle Sorge und alle Vorwürfe der Eltern in große Freude über das gehorsame Herz ihres Kindes.

Alfred Salomon

Der Vater fängt dich auf

Jürgen

Ich kam vom Außenort zurück, trat unversehens in die Küche. Jürgen stand nackend auf dem Küchentisch, dampfte noch vom Badewasser. Er sah mich eintreten und ließ sich fallen: »Papa, fang auf!«

Ich konnte ihn gerade noch fassen, ehe er auf die Steinfliesen schlug. Ich schalt auf ihn, er aber lachte: »Fängst mich doch immer auf!«

Wolf-Dieter

Heißer Sommerabend. Ich war über die Leine geschwommen, war jetzt auf dem Rückweg, noch gut zehn Meter vom Ufer entfernt. Auf dem Baumstumpf der alten Esche, in die im Jahr zuvor der Blitz geschlagen war, stand Wolf-Dieter. Er sah mich kommen, schrie: »Ich schwimme zu dir!« Und sprang! Dabei konnte er noch gar nicht schwimmen!

Ich kraulte hin, er kam hoch, sprudelte Wasser von sich, paddelte wie ein Hundchen mir entgegen. Dann war es aus, der Mund verschwand, die Nase, jetzt die Augen. Ich bekam ihn an den Haaren, zog ihn zum Land. »Bengel, wie kannst du da so einfach hineinspringen? Du weißt doch, daß die Leine hier tief ist.« Er spuckte noch immer Wasser, sprudelte aber eifrig heraus: »Aber du, Vati, du kannst doch schwimmen!«

Zwei, die sich blind auf ihren Vater verließen. Zwei, die mich lehrten: Verlaß auch du dich so auf deinen Vater da oben. Der fängt dich auf. Der holt dich raus. Keine Sorge: Der kann schwimmen!

Marlies

Im Konfirmandenunterricht hatte es Ärger gegeben. Ich schimpfte. Das kam selten vor, alle halben Jahre einmal. Dann aber gründlich. Und da, wie ich so grade im besten Zuge bin, fällt mein Blick auf meine Marlies: Das Kind zittert am ganzen Leibe! »Marlies, was hast du denn?« Sie erhebt sich steif. »Vati, ich habe solche Angst vor dir!« Im Nu war mein Zorn verraucht. Was hatte ich da angerichtet: Wenn schon mein eigenes Kind sich vor mir fürchtete, das mich doch kennen mußte! Ich habe mich seitdem bemüht, meinem Zorn nicht mehr die Zügel schießen zu lassen. Furcht ist nicht in der Liebe.

Christfried

Christfried hatte wieder einmal etwas zerbrochen. Er brachte es angeschleppt. »Papa, ganzmachen!« Ich sah mir den Schaden an. Da war kaum etwas zu machen. Ein Stück aus Guß, da ist nichts zu kleben, nichts zu löten. Chris war fassungslos. »Was, das kannst du nicht? Du kannst doch alles!«

Irgendwie habe ich es dann doch noch hingekriegt. Weil ich das jetzt mußte! Wie hätte ich solches Vertrauen enttäuschen können!

Peter Strauch

Abends, wenn ich heimkomme

Wenn ich spät in der Nacht von einer Reise nach Hause komme, treffe ich meist eine unruhig schlafende Frau und zwei friedlich schlafende Töchter an. Dann begrüße ich zunächst meine Frau. Sobald sie weiß, daß ich glücklich gelandet bin, findet sie auch ihren Schlaf. Anschließend sehe ich nach unseren Töchtern. Und während ich ihre schlafenden Gesichter betrachte, denke ich hin und wieder über ihr weiteres Leben nach. Wie wird ihre Welt einmal aussehen? Wie werden sie die Probleme ihres Lebens bewältigen? Werden sie bei Jesus bleiben? Sind wir Eltern, die ihnen dazu die richtige Hilfe geben und ihnen Nachfolge auch vorleben?

Dann fallen mir manchmal meine Eltern ein. Ich kann mich nicht erinnern, daß sie uns jemals ermahnt haben, mit Jesus Christus zu leben. Nie hatten wir den Eindruck, daß sie uns zu irgendwelchen Glaubensschritten zwangen. Aber ihr Leben war so sehr von der Gegenwart Gottes erfüllt, daß es für uns die normalste Sache der Welt zu sein schien, Jesus Christus nachzufolgen.

Unser Familienleben spielte sich praktisch innerhalb der Gemeinde ab. Nach dem Gottesdienst saßen Besucher bei uns, um eine Tasse Kaffee zu trinken und sich mit meiner Mutter zu unterhalten. Während der Zeit war mein Vater mit der Sonntagsschulstunde beschäftigt. Das gesamte Wochenprogramm unserer Familie war fast identisch mit dem

Veranstaltungsprogramm der Gemeinde. Viele Jahre lang bedeutete Familienurlaub für uns soviel wie Kinderfreizeit. Denn der Jahresurlaub meines Vaters bestand aus einer dreiwöchigen Freizeit in Holland. Mag sein, daß das alles nicht sehr positiv klingt, und für unsere Eltern waren mit Sicherheit manche Entbehrungen damit verbunden. Aber wir Kinder bekamen nicht ihr Seufzen mit, sondern das Bewußtsein, daß die Gemeinde unsere Gemeinde ist und daß es sich lohnt, dafür zu leben.

Wenn wir heute alle vier überzeugte Christen sind, die mit ihren Familien Jesus Christus nachfolgen wollen, ist das sicher nicht das Verdienst unserer Eltern, denn ich habe Eltern kennengelernt, die die Liebe Gottes überzeugend ausstrahlten und deren Kinder doch keine Christen sind. Aber ich möchte für meine Kinder das sein, was meine Eltern für uns waren: Vorbilder zum Glauben, deren Christsein so ansteckend war, daß wir früh anfingen, uns nach einem solchen Leben zu sehnen.

Nach diesen und ähnlichen Gedanken decke ich unsere Töchter zu, bitte Jesus, sie zu bewahren, und lege ihnen manchmal die Hände auf, um sie zu segnen. Denn ich glaube an die Macht des Gebetes und an die Realität des Segens Gottes. Dann lege ich mich schlafen in der Freude, daß Gott mir mit meiner Familie ein großes Geschenk anvertraut hat, für das ich nicht aufhören will, ihm zu danken.

Vergnügliches aus dem Familienalltag

Manfred Hausmann

Martin entdeckt den Weihnachtsstern

Da der Winter mit den funkelnden Sternennächten vor der Tür steht, haben Christoph und Görge sich einen Linsensatz für zwei Mark sechzig kommen lassen und sind allen Ernstes dabei, ein Himmelsfernrohr zu erbauen. Es soll sogar parallaktisch aufgehängt werden. Martin geht einige Tage mit den Händen in den Taschen um die Arbeitenden herum und fragt sie hin und wieder etwas. Dann zieht er sich in sein Kämmerchen zurück.

»Christoph und Görge«, sagt er eines Abends beim Essen, »glaubt ihr, daß ich hiermit einen Stern erkennen kann?« Er holt, sich auf dem Stuhl zur Seite neigend, eine leere Zwirnrolle aus seiner Tasche, hält sie vors Auge und richtet sie auf die Lampe über dem Tisch.

»Das soll nämlich mein Fernrohr sein.«

»Zeig mal her«, sagt Christoph lachend.

»Und hier habe ich eine Linse vorgemacht. Glaubst du, daß ich da einen Stern mit erkennen kann?«

Christoph blinzelt hindurch. »Natürlich kann man damit einen Stern erkennen. Alles kann man damit erkennen. Nicht ganz so gut wie mit dem bloßen Auge, aber immerhin.«

Der Vater möchte gern wissen, um was für eine Linse es sich handelt. Christoph reicht ihm die Rolle. Die Linse besteht aus einer kleinen dreieckigen Glasscherbe, die Martin mit Blauköpfen vor die

Öffnung der Rolle genagelt hat. »Das ist ja ein wunderbares Fernrohr«, sagt der Vater, indem er ein Auge zukneift und gleichfalls die Lampe betrachtet. Es rieselt etwas durch ihn hindurch, Rührung, Glück, Dankbarkeit, eine warme und zärtliche Empfindung.

»Glaubst du, daß ich da einen Stern mit erkennen kann?«

»Jeden Stern kannst du damit erkennen. Komm, hier hast du dein Fernrohr wieder.«

Aber die Mutter bittet darum, es auch einmal ausprobieren zu dürfen. Dann stellt sie es vorsichtig auf den Tisch, legt die Hände vor ihr Gesicht, zieht sie ein bißchen herab und wirft dem Vater über die Fingerspitzen hinweg einen dunklen, strahlenden Blick zu.

»Kann ich einlich den Mond da auch mit erkennen?« fragt Martin.

Görge wirft ein, heute abend gebe es keinen Mond.

»Aber Sterne?«

»Sterne genug.«

»Dann will ich mal zwei Sterne... drei Sterne will ich mal mit mein Fernrohr erkennen.«

Sowie das Abendbrot beendet ist, läuft Martin auf die Terrasse und sucht den Himmel mit seiner Zwirnrolle ab.

Nach einer Viertelstunde schiebt er sich in die Bibliothek und wartet, daß der Vater, der dort die Zeitung liest, einmal aufblickt.

»Na, Martin?«

»Leider kann ich da doch keinen richtigen Stern mit erkennen.«

»Warum denn nicht?« »Ne. Ich kann nur Pünkte erkennen.«

»So sehen die Sterne eben aus. Wie Punkte.«

»In mein Bilderbuch sehen sie aber gaaanz anders aus. Weißt doch, mit so Zacken herum und so.«

Der Vater denkt, die Bilderbuchmaler täten auch besser, bei der Wahrheit zu bleiben. Nun kann er zusehen, wie er dem armen Martin über die Enttäuschung hinweghilft, die sie verschuldet haben.

»Die gewöhnlichen Sterne sehen tatsächlich wie Punkte aus. Und wenn du durch Christophs und Görges Fernrohr guckst, dann sehen sie immer noch wie Punkte aus. Da hilft nichts. Etwas anderes ist es wohl mit dem Weihnachtsstern. Der hat wohl diesen herrlichen Glanz und die Strahlen und alles.«

»Kann ich den Weihnachtsstern denn mal mit mein Fernrohr erkennen?«

»Ich glaube nicht, Martin. Er scheint in unserer Zeit nicht mehr am Himmel. Ich hab' ihn jedenfalls noch nie gesehen.«

»Wie schaaade.«

Und dann kommt der Abend, an dem Christoph und Görge ihr Fernrohr zum ersten Male im Freien aufstellen, um die Wunder der Himmelswelt zu erforschen. Es ist inzwischen bitterkalt geworden, bald wird Weihnachten sein, der frischgefallene Schnee glitzert im Sternenlicht. Die übrige Familie nimmt, in Mäntel gehüllt, an dem Ereignis Anteil. Aber Christoph und Görge haben vor lauter Leidenschaft nicht einmal ihre Jacken an. Sie wollen versuchen die Monde des Jupiter zu beobachten. So einfach scheint es indessen nicht zu sein, eines bestimmten Sternes habhaft zu werden. Man darf das Fernrohr nur mit den Fingerspitzen berühren, denn die kleinste Bewegung läßt das tanzende Pünktchen wieder aus dem Sehfeld verschwinden.

»Trampel doch nicht so laut hier herum, Vio!«

»Welcher ist denn der Jupiter?« fragt Martin.

Der Vater führt den Blick des Jungen von einem dunklen Föhrenwipfel zum Gürtel des Orion und von dort über den Aldebaran zu den Plejaden und dann zu dem leuchtenden Stern, der schräg darüber steht.

»Das ist er.«

Martin zieht den Mantel hoch und kramt in seiner Hosentasche herum. Dann setzt er sein Fernrohr an, beugt den Kopf zurück und sucht den Jupiter. Mit einem Male sagt er leise zu sich selbst: »Oh!« Und noch einmal wie erschrocken: »Oh!« Und dann ganz überwältigt: »Oh!«

»Was ist denn?« fragt der Vater.

»Ich erkenne den Weihnachtsstern!« flüstert Martin, ohne die Zwirnrolle von seinem Auge zu nehmen.

»Wirklich? Wie sieht er denn aus?«

»Mit lauter so darum herum aus Gelb und Grün und Golden.«

Da muß der Vater doch auch einmal durch Martins Fernrohr sehen. Und wirklich, es gleißt und schimmert um den Jupiter herum, daß es nur so eine Art hat. Aber der Vater erkennt auch gleich, wie das Feuerwerk zustande kommt. Auf der Glasscherbe sitzt ein fettiger Fingerabdruck über dem andern, und in den zarten Rillen bricht sich der Sternenschein, glänzt auf und versprüht zu farbigen Strahlen.

»Uh, jetzt!« ruft Christoph. »Jetzt hab ich's. Zwei kann man sehen! Zwei Monde! Ganz deutlich!«

Viola hüpft von einem Bein aufs andere.

»Ich auch mal!«

»Erst ich«, sagt Görge. »Du verstehst ja doch nichts davon.«

Der Vater legt das Fernrohr wieder in Martins ausgestreckte Hand und sagt, daß er noch nie in seinem Leben einen so zauberhaften Stern erblickt habe wie diesen. »Komm, Mutti soll sich auch einmal daran freuen.«

»Haben Christoph und Görge ihn auch erkannt?«

»Nein. Das Fernrohr von Christoph und Görge ist nur für gewöhnliche Sterne bestimmt.«

»Wen sein Fernrohr findest du besser, meins oder Christophs und Görge seins?«

»Ein besseres Fernrohr als das, womit man den Weihnachtsstern erblicken kann, dürfte es wohl nirgends auf der Welt geben.«

»Oh!« sagt Martin.

Elisabeth Währisch

Kinder sind Schätze

»Und als der Peter die Kiste öffnete, was war darin?« Vier Augenpaare schauten mich gespannt an. Ich lese den Kindern oft vor, abends vorm Abendbrot. Dann sitzen wir gemütlich gemeinsam auf dem Sofa und sie wünschen sich die »Häschenschule« oder den »Teddy Brumm«.

Nun aber ist es anders. Eins der Kinder brachte eine Reklamezeitschrift mit nach Hause und bettelte: »Mama, liest du uns das mal vor?«

So unterbreche ich meine Kocherei für einen Moment, wir hocken uns um den Küchentisch und betrachten uns interessiert die bunten Bilder. Dann fange ich an zu lesen von Peter, diesem Glückspilz, der am Strand eine große, geheimnisvolle Kiste findet. Er möchte sie natürlich öffnen. Und tatsächlich, es gelingt ihm! Ja, und nun kam's: »Als der Peter die Kiste öffnete, was war darin?« Die nächste Bildunterschrift bringt uns die Antwort: »Schätze, herrliche Schätze, Gold, Schmuck und Edelsteine.« Einen Augenblick herrscht bewunderndes Schweigen. Plötzlich sagt Christina, gerade sechsjährig, in die Stille hinein: »Aber das sind doch keine Schätze.«

Ich bin verblüfft. »Keine Schätze?« frage ich, »wieso nicht? Was sind denn Schätze?« Und wie aus der Pistole geschossen kommt die Antwort: »Kinder.«

Kinder? Ja, Kinder!

Meine anfängliche Verblüffung weicht einer großen Freude. »Da hast du wirklich recht«, sage ich und schließe die Kinder in die Arme. »Kinder sind Schätze, und ihr seid meine allergrößten Schätze.«

»Aber Gold und Edelsteine hätt' ich auch ganz gerne«, murmelt Martin beim Auseinandergehen. Nein, ich brauche weder Gold noch Edelsteine. Mir fällt ein Bibelwort ein: »Kinder sind eine Gabe Gottes, und Leibesfrucht ist ein Geschenk.« Mein Herz ist voll Dankbarkeit für diese mir anvertrauten Schätze. Noch mehr aber freue ich mich, wenn ich daran denke, wie lieb Gott diese Kinder hat.

Vergessen wir es nie: Kinder sind Schätze. Unbezahlbar!

»Die güldne Sonne« paßt immer

Blauer kann der Himmel gar nicht sein! Die Sonne strahlt schon früh und leuchtend ins Zimmer, die Kinder sind wie der Wind aus den Betten. Sie stehen am Fenster und freuen sich: »Guck mal, keine einzige Wolke«, sagt Mirjam. Das wird ein schöner Tag!

Als wir uns zur Morgenandacht versammeln, fragt der Vater: »Was wollen wir denn heute mal singen?«

»Is doch klar, was wir singen«, sagt Katharina, »wir singen ›die güldne Sonne‹, das paßt doch richtig.«

Alle sind einverstanden. Es paßt wirklich. Und so singen alle schallend dies fröhliche Lied und freuen sich am blauen Himmel.

Acht Tage später. Das Wetter ist umgeschlagen. Es gießt in Strömen. Der Regen klatscht ans Fenster. Niemand hat Lust, bei diesem Wetter in den Kindergarten oder zur Schule zu gehen. »Brrr«, alle schütteln sich.

»So'n Mistwetter. Wenn man doch zu Hause bleiben könnte.«

»Ja«, sagt Christina und guckt auf die menschenleere Straße hinunter, »man hat richtig gleich schlechte Laune bei so 'nem Wetter.«

Nachdem wir gefrühstückt und uns so richtig über diese Trostlosigkeit ausgelassen haben, kommt Katharina eine Idee. »Ich weiß, was wir heute bei der Andacht singen müssen«, strahlt sie, »die güldne Sonne! Und wißt ihr, warum wir das singen müssen? Weil's so regnet.«

Recht hat sie, die kleine Person. Das Lied – ihr Lieblingslied – paßt immer.

»Lasset uns singen, dem Schöpfer bringen Güter und Gaben...« Wollen wir das wirklich abhängig davon machen, ob die Sonne scheint oder nicht?

»Die Sonne, die mir lachet, ist mein Herr Jesus Christ«, dichtete Paul Gerhardt.

Und weil diese Sonne uns immer scheint, können wir, egal ob Regen oder Sonnenschein, auch immer das Lied von der »güldnen Sonne« singen!

Wer packt mit an?

Ach, du liebe Zeit! Wie sah das Kinderzimmer aus!

Unsere Vier hatten bei dem Regenwetter den ganzen Nachmittag mit Begeisterung im Zimmer gespielt. Sie hatten mit Klötzen und Legosteinen eine Stadt aufgebaut, zu der ein Zoo gehörte, mit allen Holz- oder Stofftieren, die sie besaßen. Nun kamen die Leute. – Natürlich kamen sie nicht zu Fuß, sondern mit Autos. Also wurden Parkplätze angelegt und mit Autos bestückt. Kleinere und größere Puppen durften den Zoo besuchen. Und zum Schluß hatten die Kinder in einer Anwandlung von Albernheit alles durcheinandergewirbelt. Es war ein Riesenchaos.

Jetzt wartete das Abendbrot auf sie.

Ich kannte meine Kinder. Ich wußte, eine allgemeine Aufforderung zum Aufräumen würde diesmal nicht genügen.

Also gab ich genaue Anweisungen: »Also, Christina, du räumst bitte die Bauklötze zusammen, Martin, sammle du doch mal die Autos ein, hier, Katharina, leg doch mal die Puppen in den Puppenwagen zurück.« Katharina nahm die Puppen, deckte die Kissen auf, legte die Puppen vorsichtig und geordnet in den Wagen, deckte sie behutsam zu und sagte: »Und jetzt die Abendandacht.« Ehe ich noch etwas sagen konnte, begann sie zu singen: »Der Mond ist aufgegangen.« Es folgte die zweite Strophe. »Wie ist die Welt so stille...« Auch die letzte Strophe durfte nicht fehlen. »So legt euch denn, ihr Brüder...« Da sie das Ganze so mit Inbrunst inszenierte, wagte ich nicht, dem ein Ende zu setzen. Doch ging inzwischen die allgemeine Aufräumerei mit den andern Kindern weiter. »Und nun noch das Abendgebet«, klang es vom Puppenwagen her. Und dann »So, und jetzt noch der Gute-Nacht-Kuß.« Alle Puppen erhielten ihre Küßchen, und als Katharina wieder »auftauchte«, war unsere Arbeit geschafft. Alles war wieder an seinem Platz. Ich konnte nur denken: »Die Gottseligkeit ist zu allen Dingen nütze.«

Wir haben uns damals über die Fähigkeit unserer Tochter, sich durch fromme Dinge vor der ungeliebten Aufräumungsarbeit zu drücken, recht amüsiert.

Hanna Ahrens

Schulreifetest

Wir versuchen, heiter und gelassen zu wirken. Micha ist heiter. Er soll Farben und Formen erkennen und zuordnen. Das findet er »babyleicht«, macht es aber falsch. Er soll Sätze wiederholen und das Wort Baum nachschreiben. Ich greife ein. Das ist nicht fair, schreiben habe ich nie mit ihm geübt, schließlich haben wir vier Kinder. »Das macht nichts«, sagt der Schulleiter. »Wir wollen ja sehen, was er jetzt kann.«

Micha schreibt Baum, als hätte er immer Baum geschrieben. Ich traue meinen Augen nicht. Der Schulleiter findet es schlecht. So sagt er es natürlich nicht. Er spricht von: »Nicht zufriedenstellend und mangelnde Feinmotorik.«

Dann soll Micha eine Tafel ansehen: Lauter Obst, mittendrin ein Zug.

»Micha, was paßt da nicht hinein?«

Micha, ohne zu zögern: »Der Apfel!«

»Warum nicht?«

»Weil der Zug da nicht durchkommt, wenn der Apfel im Weg ist.«

»Micha, sieh mal, das ist doch alles Obst, nur eine Sache paßt da nicht rein.«

Micha: »Die Birne!«

»Die Birne??«

Micha: »Ja, ich hab' ja schon gesagt, weil der Zug sonst nicht durchkommt.«

Der Schulleiter gibt auf. Micha nicht.

Das Zuordnen von Plastikteilen auf die entsprechenden Felder klappt halbwegs.

Ich bin innerlich auf einen negativen Bescheid eingestellt. Aber als der Schulleiter dann erfährt, daß Micha in Papua-Neuguinea mit drei Sprachen aufgewachsen ist, sagt er: »Alles klar! Machen Sie sich keine Sorgen! Wir nehmen ihn. Schulreif, mein Junge!«

Wir gehen nach Hause. Kaum sind wir da, läutet das Telefon. Der Schulleiter sagt: »Verstehen Sie mich richtig... ich meine, es könnte ja sein... seit Micha hier war, fehlen ein paar Plastikteile, und ich brauche sie ja für den nächsten Test. Könnten Sie ihn mal fragen, ob er versehentlich ein paar von den Dreiecken in der Hosentasche hat?«

»Aber wir saßen doch alle dabei!«

»Ja, sicher, aber es könnte doch sein...«

»Ja.«

»Micha? Hast du aus Versehen diese roten und blauen Plastikteile mitgenommen?«

»Nein! Was soll ich damit? Ich hab' sie unter die Bank gelegt, weil ich sie nicht gebrauchen kann.«

Die Schulleiter sieht nach: »Alles in Ordnung, und entschuldigen Sie vielmals.«

Micha sagt: »War das eine Prüfung?«

»Ja.«

»Darf ich mir denn jetzt was wünschen?«

»Was hättest du denn gern?«

»Eine Hängematte! Dann könnte ich darin liegen und aufpassen, daß die Spatzen den Amseln nicht immer Federn und Fusseln aus ihrem Nest klauen und es in ihren Kasten schleppen. Das ist doch nicht fair.«

Amei-Angelika Müller

»Un des sollet Pfarrerskender sei!«

Am Abend hatte der Kleine Durchfall, ich keine Milch und Manfred Bibelstunde. Er verlas den Text, hörte dazwischen seinen Sohn oben schreien und las den dritten Vers aus dem zweiten Kapitel des Johannesevangeliums wie folgt: »...Und da es an Wein gebrach, spricht die Mutter Jesu zu ihm: Sie haben keine Milch...« Er selber merkte den Fehler nicht, aber die Zuhörer wunderten sich darüber, daß der Herr Pfarrer so unbekümmert die Worte der Schrift veränderte.

Die Frauen des Dorfes kamen, der Wöchnerin einen Besuch abzustatten und das »Bobbele« anzusehen. Sie brachten Höschen und Hemden mit, Jäckchen, Badetücher und viele gute Ratschläge. Ich solle Haferflocken essen und Malzbier trinken. Ich tat's und wurde davon immer dicker, unser Sohn blieb dünn.

»Des isch aber a magers Buale«, sagten die Mütter, wenn sie mit ihren dicken Prachtkindern zur Säuglingsberatung kamen. Sie sahen mich mißbilligend an, so, als glaubten sie, ich äße dem armen Kleinen alles weg.

Unser Sohn wuchs heran unter den besorgten und liebevollen Augen der Dorfbewohner.

»Heit nacht hat er aber wieder ebbes weggschrie!« sagte die Mesnerin vorwurfsvoll zu mir. »Frau Pfarrer, des ka dem Kindle net guat do!«

Wir galten bald als Rabeneltern, weil wir manchmal abends fortgingen und das Kind allein ließen.

Marie und Rosa Walter hießen die beiden Schwestern, die das Lädchen gegenüber dem Pfarrhaus betrieben. Ich stand vor dem Ladentisch und trat ungeduldig von einem Fuß auf den anderen. Ich war in Eile, und heute machten sie ganz besonders langsam voran, bedienten alle anderen vor mir, die Marie ging zum dritten Mal die Rechnung durch. Jetzt war ich nur noch allein im Laden.

»Frau Pfarrer«, die Rosa holte tief Luft, »Frau Pfarrer, des isch fei net recht, daß er sonndichs in die Kirch ganget un des Bobbele alloi lasset! I ka's nemme mit asehe. Bringet's rüber zu ons. I ond d' Marie, mir basset uff!«

Also brachten wir Andreas zu ihnen, erst im Kinderwagen, dann mit dem Ställchen, und schließlich lief er allein hinüber.

Sie fütterten ihn mit Süßigkeiten, lehrten ihn allerlei Kunststücke und ließen sich erzählen, was so im Pfarrhaus passierte.

»Vati, die Rosa hat desagt, des darfst du nimmer tun!«

»Was darf ich nicht mehr tun?«

»Das Mulchen zum Bett nausschmeißen! Die Rosa hat desagt, da kann man sich was brechen, un anständige Leute tun es nicht!«

»Andreas, du sollst nicht alles von uns erzählen!«

»Doch, die Marie hat desagt, ich soll.«

»Mulchen, die Rosa hat desagt, wenn du morgens immer so lange im Nachthemdle rumläufst, no isch's kei Wunder, wenn dir der Rücken weh tut!«

»Mulchen, die Marie hat deweint, weil du desagt hast, ihr Schaufenster is kitschik!«

»O Himmel, Andreas, das darfst du ihr doch nicht erzählen!«

»Warum nich?«

Als er drei Jahre alt war, nahm ich ihn zum ersten Mal mit in den Gottesdienst. Er wollte es unbedingt, ich hatte ihn nicht beeinflußt. Stolz marschierte er an meiner Hand in die Kirche. Kletterte neben mir auf die Bank, blätterte im Gesangbuch, schlug es irgendwo auf und sang laut mit. Die meisten Lieder waren ihm bekannt. Der Kirchenchor übte sie im Räumle, der Mädchenkreis sang, oben im Bett hörte er alles mit an.

Während der Predigt rutschte er gelangweilt hin und her. »Wann isch's aus?« fragte er immer wieder, erst laut und deutlich, nach einem Stubs von mir nur noch in eindringlichem Flüstern. Als endlich das »Amen« ertönte und Manfred die Kanzel verließ, verabschiedete ihn sein Sohn mit dem Jubelschrei: »Dott sei Dank!«

Nach der Kirche äußerte er sich aber sehr begeistert. Doch, es hätte ihm gefallen und nächstes Mal wolle er wieder mit.

»Da wird die Rosa und die Marie aber traurig sein!«

»Des macht nex, zu dene geh' ich nachher nüber!«

Ich durchforschte mein Gewissen. Hatte ich ihn vielleicht doch beeinflußt? Natürlich freue ich mich, wenn er mitkam, wenn beim Einmarsch in die Kirche seine Hand vertrauensvoll in meiner lag, wenn die Augen der Gemeinde wohlwollend auf dem kleinen Pfarrersbub ruhten. Ähnlich mochte es meiner Mutter ergangen sein.

Zwei Jahre nach dem ersten Sohn folgte der

zweite. Auch Matthias erschien drei Wochen zu früh auf der Welt – nach der Berechnung des Arztes. Wieder gab es Ernährungsprobleme, Tränen und gute Ratschläge.

Rosa und Marie nahmen auch diesen Pfarrerssohn unter ihre schützenden Fittiche, mußten allerdings feststellen, daß er »a bös Buale« sei, wenig geneigt, Kunststücke zu erlernen und Geheimnisse auszuplaudern, aber stets darauf erpicht, ihre Wohnung zu demolieren und ihre Hühner zu jagen. Auch Matthias wollte wie sein Bruder den Gottesdienst besuchen.

»Oh, Frau Pfarrer, des ka net gut gange!« warnte die Rosa.

Marie seufzte bekümmert: »Mir kennet en scho, aber was werdet d' Leit sage?«

»Er will halt so gern. Ich versuch's mal.«

Also schritt ich am Sonntag stolz in die Kirche, an jeder Hand einen Sohn. Der Stolz verging mir schnell. Schon beim Eingangslied rutschte Matthias von der Bank, ließ sich nicht halten und wanderte den Mittelgang entlang, um nach Bekannten zu suchen. Er fand denn auch bald zwei. Da saßen die Rosa und die Marie, beide schwarzgewandet, beide mit sorgenvollen Gesichtern. Er stürzte freudig auf sie zu.

»Rosa, hasch a Schoklädle? Marie, hasch a Gutsle?« – »Ja, aber hock na!«

Sie klemmten ihn zwischen sich und stopften ihm Schokolade in den Mund. Er blieb sitzen, bis alles verschlungen war, gab jeder Schwester einen schmatzenden Kuß, riß sich los und wanderte weiter.

Die Mesnerin lockte mit einem Hustenbonbon. »Psch, Matthias, komm her!«

Er lief zu ihr hinüber. »Frieda, bisch auch da? Du, warum hasch du son wüschten Hut auf'm Kopf?«

Sie steckte ihm schnell das Gutsle zwischen die Zähne und wollte ihn auf den Schoß ziehen, er aber hatte inzwischen die Schwester Lina gesichtet.

»Lina, wart, i komm. Hasch was? Du singscht aber arg laut!«

Andreas versteckte sich schamrot unter der Bank. »O Mulchen, wie der sich benimmt!«

Ich versuchte, den Ausreißer durch Blicke heranzulocken, er reagierte nicht. Manfred warf zornige Blicke von der Kanzel hinunter auf seinen Sohn. Die Andacht der Gottesdienstbesucher war empfindlich gestört. Mitten hinein in die Predigt sprach Matthias die Worte: »I geh!« und hängte sich an die Klinke, um das Kirchentor aufzubringen. Ich lief hinterher. Andreas packte unsere beiden Gesangbücher, erhob sich auch und wandelte würdevoll durch den Mittelgang der Tür zu. Draußen aber stürzte er sich wutschnaubend auf seinen Bruder. »Du Kerl, mit dir ist man vielleicht blamiert!«

Sie stritten sich im Haus, sie stritten sich im Garten, vor den Blicken der entsetzten Gemeinde.

»Guck no, Karl, wie die Pfarrersbuba mitenander zerfet!«

»Hörsch, wie se wieder schreiet!«

»Also, so hent onsre nie gschtritte! Un des sollet Pfarrerskender sei!«

Die Schwierigkeit lag darin, daß ihr Zanken weithin vernehmbar über die Straße gellte, ihr friedliches Spiel aber nicht weiter auffiel.

Sie saßen im Sandkasten, Andreas, Matthias, Nachbars Elisabethle und deren Brüder Hans-Peter und Richard. Sie buddelten im Sand und bauten gemeinsam eine Burg. Ein schönes Bild! Ich stand oben am Küchenfenster, freute mich über den Frieden und hoffte, er möge noch recht lange währen. Da erhob sich unten zorniges Geschrei. Jemand war auf die Burg getreten.

»Moinsch du, weil du der Pfarrersbub bisch, verschlag i di net?« schrie Hans-Peter.

»I hab's aus Versehen gemacht, nicht absichtlich, ehrlich!« rief Andreas und zog sich vorsichtig zurück.

Hans-Peter griff nach einem Stecken. Matthias nahm die Sandschaufel und stellte sich schützend vor seinen Bruder. »Na, denn komm her!« sagte er zu Hans-Peter und hob die Schaufel. Sie gingen aufeinander los, ich rannte nach unten. Aber ich hätte nicht kommen brauchen, der Nachbar hatte bereits eingegriffen. Mit der einen Hand hielt er Matthias am Schopf, mit der anderen Hans-Peter. Beide Buben zerrten wütend und versuchten, sich loszureißen, um erneut aufeinander einzudreschen. Die kleine Elisabeth hatte sich aus dem Staube gemacht. Andreas und Richard standen etwas abseits.

»Des isch vielleicht a Lompedierle!« sagte Nachbar Meyer und gab Matthias einen Schubs, daß er in meine Arme flog, dann ging er mit seinem Sohn zum Hof hinaus.

»Der wüschte Dinger, der gemeine Kerl!« Matthias kochte vor Zorn. »Wenn der hier wieder reinkommt, den verschlag i...«

»Schäm dich, Matthias, pfui! Du hast ihm mit der Schaufel auf die Finger gehaun! Das darfst du nicht!«

»On er? On er! Da, guck!« Er hielt mir sein verschwitztes Gesicht entgegen. Tatsächlich, die Nase blutete ein wenig.

»Und der Herr Meyer hat was ganz Gemeines zu uns gesagt«, ließ sich Andreas vernehmen.

»Was hat er denn gesagt?«

»Genau weiß ich's nimmer, aber angefangen hat's: Pfarrers Kinder und Müllers Vieh..., und dann kam das Gemeine. Wirklich, Mulchen, was ganz Scheußliches!«

»Ich kenn' das Sprüchle, Andreas, aber es ist nicht schlimm und überhaupt nicht gemein. Es heißt: ›Pfarrers Kinder und Müllers Küh – wenn sie gedeihn, gibt's gutes Vieh!‹ Na, was sagt ihr jetzt?«

»Ne, Mulchen«, riefen sie beide, »so hat's nicht geheißen, aber wenn du meinst...«

Helmut Thielicke

Rainer sorgt für Aufregung

Der Tag des Einzugs in das neue Haus in Hamburg verlief etwas dramatisch. Die Familie war morgens im Schlafwagen aus Tübingen angekommen. Die Studentengemeinde hatte ein festliches Frühstück vorbereitet. Danach ging ich zu meinem Dienst, während Liesel »daheim« die Möbelwagen erwartete, um sogleich mit der Einrichtung des Hauses zu beginnen. Als ich abends voll Spannung das neue Heim aufsuchte, bebten allen die Knie, weil der fünfjährige Rainer plötzlich verschwunden war. Seine Mutter geriet in höchste Unruhe, weil gleich am Haus ein Wald beginnt, in dem er sich verirrt haben könnte (der vermeintliche Wald stellte sich schon bald als ein winziges Wäldchen heraus) und in der Nähe die Alster vorüberfließt. Was konnte da alles geschehen sein! Kurz: Das gesamte Einzugsmanöver wurde gestoppt, und alle Möbelpacker gingen auf die Suche nach dem verlorenen Kind.

Als man ihn partout nicht fand, fragte sich einer zur Polizei durch – und siehe: dort saß, aufs freundlichste bewirtet mit Kakao und das große Wort führend, der kleine Rainer. Er wollte sich von »Onkel Polizei« gar nicht mehr trennen. Die Beamten waren sehr erleichtert, weil sie mit Rainers Angaben nichts anzufangen wußten. Er nannte als Adresse immer wieder die (Tübinger) Gartenstraße, die es in Wellingsbüttel gar nicht gibt. Erst als die überglückliche Mutter den Wiedergefundenen ins

Verhör nahm, klärte sich alles auf: Rainer war sich in dem Umzugsgewühl etwas verloren vorgekommen, hatte seine Sparbüchse genommen und wollte damit zu Tante Bechtle, der vertrauten Café-Besitzerin in der Nähe unserer Tübinger Wohnung. Da er in der Bahn die räumliche Entfernung überschlafen hatte, war ihm nicht klar, daß er inzwischen woanders war. Als er das so nahe Café nicht fand, und alles so ganz anders und fremd war, blieb er frierend und weinend im Ostwind stehen, bis eine mitleidige Seele sich des Kindes erbarmte und es zur Polizei brachte.

Am anderen Morgen erlaubte ich den Kindern – ja, ich forderte sie sogar dazu auf! –, eine Stunde lang so laut zu toben und zu schreien, wie sie nur konnten. Jetzt wohnten wir ja im eigenen Haus und brauchten auf keine Mitbewohner mehr Rücksicht zu nehmen. Daß der Vater selbst der Initiator eines Lärm-Exzesses war, vermittelte ihnen schlagartig ein neues Lebensgefühl. Gerade das war es aber, was ich erreichen wollte.

Der Erfahrungsschatz, der sich bei der Erziehung der älteren Kinder angesammelt hatte, verhilft den Eltern dazu, daß sie das konstitutionelle Eigensein, sein Erwachen und seine Entwicklung bei dem jüngsten Kinde mit geschärfterem Blick beobachten. Dafür war Rainer, der letzte in unserer Kinderschar, ein besonders dankbares Objekt. Er sorgte ständig für Aufregung. Eine davon habe ich schon erzählt. Das war auch in Tübingen nicht anders gewesen: Kurz vor der Abreise nach Hamburg hatte er beim Besuch des kleinen Tübinger Zoos in den Affenkäfig gelangt, um das Tier zu streicheln, und war prompt gebissen worden. Die gerade abwesende Mutter erinnert sich noch heute an den Schreck, als sie meinen Zettel vorfand: »Rainer vom Affen gebissen. Bin mit ihm in der Klinik.«

Eine erst keimhaft entwickelte Naturphilosophie des Sechsjährigen gab sich sehr bald kund, als wir uns in Wellingsbüttel niedergelassen hatten: Ein Besucher hatte mir eine Kiste mit besonders edlen Zigarren geschenkt, die auf rätselhafte Weise verschwunden war. Auch die zum Suchen ausschwärmende Familie konnte sie nicht finden. Als ich den Kummer über meinen Verlust längst überwunden hatte, wurde das Rätsel gelöst: Liesel fand beim Rosenharken in der Erde halb verfaulte Zigarren. Ich ahnte gleich des Pudels Kern und nahm mir Rainer vor. Mit geheimnisvoll wissendem Lächeln eröffnete er mir: »Eigentlich solltest du es erst später erfahren, wenn der Zigarrenbaum aufgegangen ist!« Er hatte beobachtet, daß seine Mutter Blumenzwiebeln in die Erde gepflanzt hatte, und das hatte ihn auf die Idee gebracht, seinem Vater einige Zigarrenbäume zu pflanzen. Da ich soviel rauchte, würde so etwas Selbstgezogenes uns einige Kosten ersparen, zumal wir doch das Haus noch abzahlen müßten. Natürlich konnten wir ihn wegen seiner guten Absicht nur loben. Er ahnte nicht, daß er durch sein Experiment die Lehre des sowjetischen Botanikers T. D. Lysenko von der »Vererbung erworbener Eigenschaften« auf eine extreme Probe gestellt hatte. Es amüsierte meine Studenten nicht wenig, als ich bei der Darstellung von Lysenkos Theorie deren Widerlegung durch Rainer erwähnte und sie darauf hinwies, daß auch die Sowjets diese ideologiegezeugte Theorie gewiß noch durchschauen würden (was dann auch geschah). Daß nicht zuletzt wirtschaftliche Überlegungen den kleinen Mann zu seinem Experiment getrieben hatten, kündigte seine spätere Entwicklung an: Er wurde Steuerberater.

Diese Begabung zeigte sich auch noch auf andere Art und Weise: In einem benachbarten Laden half er oft beim Kassensturz und bei der Inventur, und der Inhaber war erstaunt über seine Rechenkünste und sein Organisationstalent, obwohl er noch so klein war. Hingegen war er in den ersten Schuljahren im Diktat nicht gerade ein Star. Als ich ihm sagte, sein Lehrer habe mir eröffnet, daß er da zu den Schwächsten gehörte, meinte er: »Aber von den Schwächsten bin ich der Stärkste.« In Wellingsbüttel war er bald so bekannt, daß ich selber mich mit der Rolle begnügen mußte, »Rainers Vater« zu sein.

Paulgeorg Juhl

A und O

Lizzy rutschte unruhig auf ihrem Stuhl herum. Endlich war Papa gekommen. Er hatte nach dem Gottesdienst noch etwas erledigen müssen. Lizzy mußte ihn doch ganz dringend etwas fragen.

Die siebenjährige Erstklässlerin war heute mit im Erwachsenengottesdienst gewesen. Ihr Papa sah toll aus in seinem schwarzen Mantel (oder wie das hieß) mit den weißen Lappen vornedran. Gleich am Anfang hatte er gesagt – ungefähr so: »Ich bin das A und das O«. Lizzy hatte leise in ihre Hand hinein lachen müssen. Papa sah doch gar nicht aus wie die Buchstaben. Und überhaupt – das hieß doch ABC! Ulkig war das! Gleich nachher hatte sie ihn fragen wollen, was das denn bedeutet. Nach einem Witz hatte es sich nicht angehört. Aber leider mußte Papa gleich weg. Er hatte noch woanders einen Gottesdienst zu halten. So mußte sie es bis zum Mittagessen aushalten.

Als Papa sich gesetzt und das Tischgebet gesprochen hatte, prustete sie los: »He, Papa, richtig lustig war das heute. Du als Buchstabe!« Sie kicherte vor sich hin. Die Eltern schauten sich erstaunt an. Was Lizzy wohl hatte? Sie konnten sich angesichts Lizzys Fröhlichkeit schon jetzt ein Lächeln nicht verkneifen.

Während Papa der Mama den Teller hinhielt und sie ihm die Suppe einschöpfte, forschte Papa: »Was meinst du denn damit, Lizzy?«

Wieder kicherte die Kleine, während sie unruhig mit dem Besteck spielte. »... und überhaupt: das heißt ABC«, sagte sie betont, »und nicht A und O.«

Es dauerte einen Augenblick, bis die Eltern begriffen, was Lizzy meinte. Papa mußte so sehr lachen, daß der Teller wackelte und die Suppe überschwappte. Darüber mußte Mama noch mehr lachen.

»Hahaha – du hast gekleckert, Papa«, bemerkte Lizzy lachend.

»Ja, das muß ich ja auch«, gab Papa zurück, »wenn du solche Witze machst!«

Mama war währenddessen schon in die Küche gelaufen, um ein Tuch zu holen und das Gröbste von der Tischdecke zu wischen.

»Wieso Witze?« verteidigte sich Lizzy. »Das weiß ich ganz genau. Das heißt«, wieder sprach sie sehr betont, »ABC. Das haben wir nämlich in der Schule gelernt.«

»Ach du bist ein kleines Dummerchen«, gab Papa schmunzelnd zurück. »Das hat doch damit gar nichts zu tun. Na ja – oder doch: Es gibt da schon einen Zusammenhang. Aber ich bin das gleich dreimal nicht.«

»Wieso hast du dann gesagt ›Ich bin das ABC‹?«

Wieder mußte Papa lachen, daß der ganze Bauch wackelte. Dann sagte er: »Also erstens habe ich nicht gesagt ›Ich bin das ABC‹, sondern ›Ich bin das A und O‹. Und zweitens ist das ein Spruch aus der Bibel. Jesus hat das von sich gesagt.«

»Ach so«, antwortete Lizzy etwas schmollend, weil sie sich im Unrecht sah. »Aber was heißt das denn?«

Papa schob erst einen vollen Löffel Suppe in den Mund, bevor er antwortete: »Weißt du, das ist vom griechischen Alphabet. Du lernst in der Schule das deutsche. Und das beginnt mit...«

»ABC«, unterbrach Lizzy ihn, »das weiß ich doch schon.«

»Ja, und das griechische Alphabet beginnt eben anders...«

»Ich weiß, ich weiß«, rief Lizzy freudestrahlend, »das beginnt mit A und O!«

»Nein, du Naseweis, das beginnt mit A und hört mit O auf.«

»Nicht mit Z?«

»Nein, mit O.«

»Ach so, die haben sich den Rest vom Alphabet gespart und schon beim O aufgehört. Die sind aber faul, die Griechen!«

Papa mußte wieder lachen. »Du hast es heute aber dick hinter den Ohren«, sagte er. »Nein, die Griechen haben zwei O im Alphabet: eines etwa in der Mitte wie im Deutschen und dann noch ein anderes O am Ende des Alphabets.«

»Kein Z?« fragte Lizzy.

»Nein, das steht im Griechischen an einer anderen Stelle.«

»Aber jetzt weiß ich immer noch nicht, was das bedeutet.«

»Nun, A ist der erste Buchstabe und O der letzte. Also Anfang und Ende vom Alphabet. Und das meint übertragen: Jesus ist der Anfang von allem und das Ende von allem. Er ist sozusagen größer als alles, was es auf der Welt gibt. Das soll es bedeuten.«

Während sie ihre Suppe löffelten, merkte man richtig, wie hinter Lizzys Stirn die Gedanken arbeiteten. Als sie beim Hauptgericht waren, fragte Lizzy plötzlich: »Du, Papa, ist Jesus auch größer als Gott?«

»Wie kommst du denn darauf, Lizzy?«

»Na, weil du vorhin gesagt hast, Jesus sei größer als alles.«

»Oh, Kind, du stellst mehr Fragen, als zehn Weise beantworten können. Weißt du, das kannst du doch nicht richtig verstehen. Später werde ich dir das mal erklären. Jesus und Gott – die sind ungefähr dasselbe. Da gibt es zwar auch einen Unterschied, aber das verstehst du erst später.«

»Wenn das überhaupt jemand richtig versteht«, fügte Mama ein. Überrascht blickte Papa sie an. »Na ja«, sagte sie, das ist doch schon ganz schön kompliziert mit der Dreieinigkeit. Ich habe das nie richtig verstanden.«

»Der Papa versteht das aber«, warf Lizzy ein. »Aber ganz recht hat er auch nicht. Wenn Jesus nicht größer ist als Gott, ist er doch nicht größer als alles. Ätsch!«

Papa lächelte ihr zu: »Ach du kleine Besserwisserin, lassen wir es für heute gut sein. Das alles ist sehr schwer zu verstehen. Und wenn man noch«, zärtlich streichelte er über Lizzys Haare, »so klein ist wie du, dann ist das einfach zu schwierig. Aber später erkläre ich dir das mal genauer. Ehrenwort?«

»Ehrenwort«, gab Lizzy zurück und lächelte zufrieden-triumphierend, weil sie Papa bei etwas erwischt hatte, was er ihr jetzt noch nicht genau erklären konnte.

Kinder sind Persönlichkeiten

Charlotte Hofmann-Hege

Wunderbare Welt

Gerade als der Nachbar Rühle mit zwei Eimern Schweinefutter über seinen Hof geht, öffnet sich im gegenüberliegenden Pfarrhaus das Fenster, und Dorli ruft herunter: »Onkel Rühle, ich sag dir was, was du nicht weißt. Wir haben ein Schwesterchen bekommen.«

»Ei du grüne Neune! Schon wieder ein Mädchen«, ruft Onkel Rühle hinüber. »Mit euren Kindern habt ihr kein Glück.«

»Wie bitte?«

»Ich meine, daß ihr euch nun endlich einen Buben bestellen müßt.«

»Wir kriegen sicher noch sechs Buben, Onkel Rühle. Bei uns ist es schön. Ich habe dich gut verstanden mit deiner grünen Neune. Du denkst, Mädchen sind weniger wert als Buben. Aber ich verzeihe dir deine altmodischen Gedanken. Du bist Großvater und warst im Krieg.«

»Gewiß, Dorli. Und ich gebe auch gern zu, daß du soviel wert bist wie drei Buben zusammen. Wenn du die kleine Schwester einmal ausfahren darfst, dann werde ich sie mir ansehen.«

Aber Dorli ist schon wieder vom Fenster in die Stube gelaufen. Es gibt nämlich jetzt viel zu tun für das zum Mittelstück aufgerückte kleine Mädchen. Regine ist ein eifriges Schulkind geworden, und Dorli muß einkaufen lernen, weil die Mutter es noch nicht kann.

Das erste, was sie einholen geht, ist Brot.

»Onkel Bäcker«, ruft sie durch die offene Backstubentür, »ich sag dir was, was du nicht weißt: wir haben ein Schwesterchen. Gestern kam es aus der Klinik und hielt eine Blumenknospe in der Hand. Es hat runde, rosige Bäckchen, darum nennen wir es ›Äpfele‹.«

»Das ist eine frische Brezel wert, Dorli«, sagt der Bäcker, der gerade ein Blech aus dem Ofen genommen hat. »Komm, setz dich, bis du sie gegessen hast. Vorsicht, sie ist noch warm.«

Während Dorli schmaust, kommt die Bäckersfrau aus der Ladenstube.

»Ihr seid ja jetzt drei schmucke Mädchen, Dorli.« Die kinderlose, mütterliche Frau hat das Dorli besonders lieb, und sie verwöhnt es immer ein wenig. »Es ist ja nicht recht«, fährt sie fort, »daß ihr zu dreien seid und wir haben niemanden. Ich hätte wahrhaftig auch gern ein kleines Mädchen. Ich meine, du solltest mir dein Schwesterchen verkaufen, Dorli.«

»Niemals, Frau Bäcker, niemals! Was denkst du, wie viele Leute mich schon darum gebeten haben. Dauernd soll ich mein Schwesterchen verkaufen. Dabei gehört es mir ja gar nicht allein. Und Kinderverkaufen finde ich sowieso ein bißchen blöd.«

»Ich finde es gar nicht blöd, Dorli«, mischte sich der Bäcker ein. »Du siehst selbst, daß es nicht in Ordnung ist, wenn dort drei kleine Mädchen sind und hier ist keines. Dann mußt du schon selbst kommen, wenn du dein Schwesterchen nicht hergibst.«

»Jawohl«, sagt die Bäckersfrau und nickt, »du

mußt mir helfen. Im Laden verkaufen – das hast du dir doch schon immer gewünscht. Und jeden Tag bekommst du eine frische Brezel und nachmittags ein Mandeltörtchen. Und Eis und Schokolade, soviel du willst. Und deine Schwestern können dich nie mehr ärgern. Jetzt bist du übrig zu Hause, sie haben wieder ein Nesthäkchen, und ich müßte nicht traurig sein, daß ich kein kleines Mädchen besitze.«

Dorli ist verwirrt. Sie begreift, daß der Frau Bäcker ein kleines Mädchen zusteht. Ein Leben ohne Kinder stellt sich Dorli sinnlos vor. Und daß sie es sein muß, versteht sie erst recht. Im Verkaufen ist sie sehr geschickt, das sagen alle Leute.

»Ich muß zuvor noch meinen Schlafanzug holen«, stottert sie.

»Natürlich, hol ihn mal fix«, sagt der Onkel Bäkker und schiebt das nächste Blech in den Ofen. »Bis du wiederkommst, habe ich die Buttercreme fertig, dann darfst du schlecken.«

Bestürzt schleicht Dorli nach Hause. Brot und unverzehrte Brezelärmchen sind vergessen. Törtchen, Eis und Kaufladen versinken; es bleiben nur noch die Gesichter von Vater und Mutter, nach denen man sich plötzlich unsagbar sehnt. Heimat, Geschwister, Garten und Spielzeug – alles, alles soll sie nun auf immer verlassen, um das Kind fremder Eltern zu werden.

»Aber, Dorli, wo bleibst du nur so lange?« mahnt die Mutter, unter der Tür Ausschau haltend. Doch schon erfaßt sie die Erschütterung hinter dem blassen Gesicht. Und sie kann gerade noch ein Häufchen schluchzendes Elend in ihren Armen auffangen.

»Ich muß doch meinen Schlafanzug ho-holen!« Unter verzweifeltem Schluchzen erzählt das Kind die Tragödie.

Wie gut es ist, diese Not lösen zu können. »Meinst du denn, Vater und ich, wir gäben unser Dorli her?«

Die Kleine fällt wieder in ihre Kindersprache zurück. »Ja, aber ich muß tropsdem. Die Frau Bäcker hat verhaupt kein Kind. Da muß ich.«

»Und wer soll mir einkaufen? Wer soll mir Kartoffeln aus dem Keller holen? Wer soll das Schwesterchen hüten? Nein, niemand auf der Welt kann dich uns wegnehmen.«

»Auch der liebe Gott nicht?«

»Nein, auch der liebe Gott nicht. Er hat dich ja zu uns geschickt. Da hätte er dich doch gleich zur Frau Bäcker schicken können, als du geboren wurdest.«

»Weißt du ganz bestimmt, daß er mich nicht bei der Frau Bäcker haben möchte?«

»Ich weiß es ganz bestimmt.«

»Hat er es dir selbst gesagt?«

»Ja, er hat es mir gesagt.«

»Und dem Vater auch?«

»Ja, auch dem Vater. Die Frau Bäcker hat das wirklich nur zum Scherz gesagt.«

Kein Sonnenaufgang ist dem Leuchten vergleichbar, das sich nun in Dorlis tränenüberströmtem Gesicht auftut. »Telefonierst du gleich der Frau Bäcker? Sie wartet auf mich. Es tut mir leid, daß ich – nicht zu kommen brauche. Sag ihr, sie soll mir verzeihen, und ich will sehr fest beten, daß sie noch ein kleines Mädchen kriegt.« Überwältigt vor Freude, tritt sie ans Bett des Schwesterchens. »Hat der liebe Gott gewußt, daß ich eben doch am allerliebsten zu euch gekommen bin, wenn ihr auch keinen Kaufladen habt?«

»Ja, das hat er gewußt.« Wie nach einer weiten, einsamen Reise nimmt Dorli erneut Besitz von allem: vom Gesicht der Mutter, das sie immer wieder betrachtet, von den Blumen am Fenster, von ihrem Bett und allen Stuben und Kammern, von den Spielsachen, von den durchsonnten Vorhängen und vom rosigen Säugling im Stubenwagen. »Was haben wir für ein Glück, Äpfele«, flüstert sie. »Es ist ein Wunder.«

Auf den Zehenspitzen schleicht sie sich dann aus dem Kinderzimmer. Draußen steht die Mutter und streckt ihr ein Mandeltörtchen entgegen. »Einen Gruß von der Frau Bäcker, und sie hat es nur im Spaß gemeint. Das Törtchen hat sie mit dem Brot herübergeschickt, du hattest es vergessen.«

Spaß? Es ist kein Spaß, wenn hier drei Kinder sind und dort ist keines.

»Das Mandeltörtchen bekommt Regine«, sagt Dorli fest. Daheimbleibendürfen und Mandeltörtchen essen, das wäre fast ein Unrecht, auf alle Fälle aber zuviel des Guten.

Vermißt

Gibt es etwas Angenehmeres, als am Samstagabend frisch gebadet im Bett zu sitzen? Ausnahmsweise ist das Kinderschlafzimmer geheizt, die Lampe leuchtet warm. Draußen klatscht ein mit Schnee vermischter Aprilregen gegen die Fensterscheiben. Das knapp sechsjährige Dorli hat heute zum erstenmal völlig selbständig gebadet, und so darf sie als Belohnung, bis auch Regine sich fertig gemacht hat, das schönste Bilderbuch ansehen, das es für sie gibt: Mutters Fotoalbum.

Während die Mutter Sonntagswäsche und Handtücher für die kommende Woche richtet, startet Dorli ihre Kommentare: »Mutter, was hast du früher für ein unmögliches Fahrrad gehabt! Und welch einen Maximaxirock! Hier – Großvaters erstes Auto, was für eine Kutsche! Der Badeanzug deiner Freundin ist schauderhaft. Da, so finde ich's nett: ein Spiel im großen Park bei euch daheim, und im Hintergrund der schöne Hof. Wer ist übrigens der süße Junge neben dir? Wer ist das schnell wieder?«

»Du weißt es eigentlich, Dorli. Das ist Onkel Dieter, mein großer Bruder.«

»Richtig, Onkel Dieter. Ein reizender kleiner Junge. Da sitzt er auf dem Pferd, winkt mit der Hand und hat sich wichtig. Er konnte gut reiten, schon als Kind, ja? Und warum ist er dann so böse heruntergefallen?«

»Er ist nie vom Pferd gefallen, Dorli. Wer hat denn so etwas behauptet?«

»Regine. Sie sagte, Onkel Dieter sei gefallen. Und dabei wurde er tot.«

»Wenn jemand gefallen ist, Dorli«, erwidert die Mutter leise, »dann meint man, daß er im Krieg gefallen ist, daß er verwundet wurde und gestorben ist.«

Dorli spürt sonst genau, wenn sie nicht weiterfragen soll. Doch heute kreisen ihre zielbewußten Fragen die Mutter unaufhaltsam ein. »Verwundet? Und dann gestorben? Der süße Onkel Dieter – am

Ende wurde er erschossen? Mutter, so etwas Furchtbares darf man nicht sagen.«

»Siehst du, Regine hat es dir wohl falsch erzählt. Onkel Dieter ist gar nicht gefallen, er ist nur vermißt.« ›Nur‹ sagt die Mutter. Lieber Himmel ›nur‹.

»Vermißt? Was ist das?«

Die Mutter macht sich am Kleiderschrank zu schaffen. Wie soll sie einem so stark empfindenden Kind erklären, was ›vermißt‹ bedeutet? ›Vermißt‹, denkt die Mutter weiter, das sind die ungezählten Nachtstunden, in denen der Schlaf so hauchdünn ist, daß das Ohr jeden Schritt ums Haus vernimmt. Ist es der Schritt eines Heimkehrers? Nein, wieder nur ein fremder Schritt. Denn zunächst glaubt man sicher, daß der ferne Mensch heimkommen wird. Man malt sich die Stunde aus. Man könnte etwas anderes auch gar nicht ertragen. Aber von Woche zu Woche, von Monat zu Monat, von Jahr zu Jahr wird das Warten spannungsloser und enttäuschter. Ein lähmender Druck legt sich über jede neue Woche, und eines Tages würde man die grausamste Nachricht ertragen, wenn nur Nachricht käme. Doch es bleibt alles stumm. Und so sind die Jahrzehnte verstrichen.

»Mut-ter! Sag, was ist vermißt?« Von weither kommt die Kinderstimme und ist doch so nah.

»Nun, da erfährt man einfach nichts mehr von dem betreffenden Menschen.«

Unmerklich gleitet das Fotoalbum seitwärts. »Aber dann könnte Onkel Dieter doch vielleicht noch leben. Noch ganz vielleicht. So alt ist er ja gar nicht. Ganz, ganz vielleicht könnte er unbedingt noch leben.«

»Es ist schon lange her, Dorli. Er war sehr jung, damals. Es ist kaum möglich. Und nun meine ich, daß es Zeit ist zum Schlafen.«

Diesmal versteht das Kind, daß keine Frage mehr kommen soll. Ohne Widerrede läßt es sich das Album wegnehmen und schiebt sich unter die Bettdecke. Mit großen Augen spricht Dorli das Abendgebet. Dann legt sie sich zur Seite und scheint rasch einschlafen zu wollen.

Die Mutter zieht die Vorhänge zu. Onkel Dieter lag einst im selben Bett. Ist er wohl mit den gleichen Gebärden eingeschlafen? Hing manchmal seine Hand auch so gelöst und warm zu den Gitterstäbchen heraus? Diese Hand, die später den Gewehrhahn spannen mußte...

Nachdem auch Regine im Bett liegt und das tief schlafende Äpfele zugedeckt ist, sinkt die Mutter erleichtert in den Wohnzimmersessel und nimmt die Riesensamstagszeitungen vor. Darüber nickt sie ein. Solange der Vater noch über seiner Predigt sitzt, ist es einschläfernd still im Haus.

Plötzlich wird sie hellwach. Ein dumpfes, saugendes Klappen: es muß am Kühlschrank gewesen sein.

Ist eines der Kinder nicht wohl?

Regine schläft fest. Äpfele hat sich schon wieder freigestrampelt.

Aber Dorlis Bett ist leer...

In der Speisekammer steht das Kind, fertig angezogen, mit Anorak und Kapuze. Neben ihm liegt der Familienrucksack, gefüllt mit Brot, Obst und Kuchen. Sogar eine Flasche Apfelsaft schaut oben heraus.

»Ich gehe nach Rußland. Vermißt, sagst du? Onkel Dieter wartet doch. Vermißt – und ihr könnt schlafen! Er wartet schon so lange, und keiner kommt und zeigt ihm den Heimweg!«

Was sollen die paar Verstandesgründe, welche die Mutter vorbringt? Was Dorli erkennt und tun will, spielt sich auf anderer Ebene ab. Diese Wirklichkeit ist noch nicht von Bosheit, Haß und Tod zerstört. Auf der Schwelle zwischen übergroßer Wachheit und Traum meint die kleine Seele alle Grenzen von Raum und Zeit sprengen zu können. Auch ist sie nie gelehrt worden, andere Völker als Feinde zu betrachten.

»Warum soll ich mich erkälten? Ich habe doch meinen Anorak. Warum verirren? Ich kann doch fragen. Wölfe? Dann nehme ich jemand mit, der schießen kann.«

Der Vater ist gekommen; er hat die Unruhe gespürt. Sofort begreift er, daß es aussichtslos ist, das Kind mit Argumenten zu überzeugen oder ihm einfach Gehorsam abzufordern. In diesem Augenblick muß sie ihrem Herzen mehr gehorchen als allen anderen Befehlen, und es ist nicht statthaft, die Würde eines kleinen Menschen so tief zu verletzen.

Schließlich tut er das einzig Mögliche: er nimmt Mantel und Hut von der Garderobe. »Ich begleite Dorli noch ein Stückchen. Ich lasse meine Tochter nicht allein nach Rußland.«

Und so gehen die beiden miteinander in die Regennacht hinaus.

Es dauert der Mutter viel zu lange, bis sie draußen wieder Schritte hört. Einen Herzschlag lang stockt ihr der Atem, denn sie hört nur den Vater. Aber beim Öffnen der Tür erkennt sie, daß er das schlafende Kind in beiden Armen hält.

»Sie wurde unterwegs so müde, daß ich sie tragen mußte. Sie wird kaum mehr erwachen vor morgen früh.«

Schlafend läßt sich Dorli ins Bett bringen.

Am anderen Morgen scheint die Sonne, und der Himmel ist blau. Das kleine Mädchen findet seinen gewohnten Alltag vor, bekommt wieder sein verschmitztes Lächeln und scheint den Wachtraum vergessen zu haben.

Jahre später – Dorli geht längst zur Schule, und die Familie spielt gemeinsam ein Würfelspiel namens ›Weltreise‹ – taucht jenes versunkene Erlebnis wieder auf.

»Weißt du noch, Mutter, als ich einmal nach Rußland wollte, um den vermißten Onkel Dieter zu holen? Ich hatte schon den Rucksack gepackt. Ich vergesse es euch nie, daß ihr mich damals nicht ausgelacht habt.«

»Da war nichts auszulachen, Dorli«, entgegnet der Vater ernst. Über den Tisch hinweg nickt er der Mutter nachdenklich zu. Diese törichte Tat war der absoluten Wahrheit näher als unsere ›klugen‹ erwachsenen Unterlassungen.

Denn weder der Vater noch die Mutter haben das Wort vergessen, mit dem ein Kind die Großen wohl immer einmal wieder aufwecken muß: »Da wartet ein Mensch und ihr könnt schlafen!«

Hans Roesch

Die Wiedergeborene

Wir haben das Kind damals Renate getauft, nicht weil der Name in jenen Jahren Mode war – ich wünschte mir nur, daß im Wesen eines Kindes das der Mutter »wiedergeboren« würde. Wir hatten schon einen Sohn, und der war so sehr nach mir geraten, daß etwas von meiner Art in dieser Welt geblieben wäre, auch wenn ich im Krieg hätte fallen sollen. Aber die Mutter, der klare, lebenskräftigere Teil unserer Ehe, ihr Gemüt, das ungetrübt glücklich sein und auf eine heiter schwebende Weise glücklich machen konnte, sie durfte viel weniger ohne bleibende Spur hingehen als ich: ich hoffte, die Tochter, die wir erwarteten, werde Geist von ihrem Geiste sein.

Der Wunsch ging in Erfüllung, wir bekamen die Tochter, und aus Renate ist später Renata, die Wiedergeborene, geworden, denn ich kehrte heil aus dem Feld zurück, aber die Mutter ist bald danach gestorben. Schon in den kindlichen Zügen zeichneten sich die Formen des mütterlichen Gesichtes nach, doch mehr noch in seinem Wesen die Grazie der zu früh Verschiedenen.

Ich ging mit dem Kind zum Grab, es hat geweint, wie kleine Kinder weinen; die Tränen flossen aus den Augen, nicht aus dem Herzen, obwohl es spüren mußte, daß wir etwas Unersetzliches, Wärmendes verloren hatten und daß uns beiden bestimmt war, nun lange Zeit zu frieren. Auf dem

Heimweg vom Friedhof – die Sonne schien bleich durch die strenge Thuja-Allee – begann das Kind ein Springspiel mit den Schatten, welche die Zweige über den Weg warfen. Am Abend hatte ich ihm die Bettdecke unters Kinn gezogen, auch mit ihm gebetet, aber ich weiß, ich machte es nicht richtig, ich war nicht mit friedlichem Sinn dabei. Das Zudecken war eine Zeremonie, die ich als Pflicht übernahm, und während wir sagten: »Breit aus die Flügel beide«, waren meine Gedanken voll Hader bei dem Erdhügel, der allein in der Kirchhofsnacht lag und nun in den nächsten Monaten langsam zusammensinken würde.

Niemand hat in dieser Zeit »mein Küchlein eingenommen«, wenn es nicht der große Freund aller Kinder tat, der Freud und Leid in den jungen Seelen schneller wechseln und verebben läßt. Ich habe nur die Handgriffe gemacht, die ich vom Zusehen kannte, aber sie waren wohl nicht, wie sie sein sollten. Ich habe Märchen vorgelesen, und danach war nicht die Stille, in der der Faden von selber weiterspinnt. Wir haben zusammen Blumen gepflückt, aber ich wußte nicht das Kränzlein zu winden und den Strauß locker zu sammeln. Wir kehrten in der Abenddämmerung zum Haus zurück, und ich sagte: »Sieh, wie der Rauch blau aus dem Schornstein steigt«, aber zu singen vermochte ich nicht, wie die Mutter es getan hatte, »vom Tage, vom heute gewesenen Tage«. Wenn wir in die Sterne blickten, konnte ich nur erklären: »Dies ist der kleine Mizar«, aber nicht die Geschichte von den Indianerkindern erzählen, deren Sehkraft man an dem Deichselsternchen des Großen Wagens mißt.

Ich spürte, man mußte mit den Kindern reden so beiläufig und doch wichtig, wie man mit einem Pferd beim Striegeln spricht; allem Tun und Treiben mußte man einen märchenhaft-wahren Begleitsinn geben. Aber ich konnte das nicht, manchmal verschlug's mir mitten im Erzählen die Sprache – ich ging davon und ließ das Kind stehen. Dann setzte es sich zu seinen Spielen und war gar nicht verdrossen.

Ich gab mir alle Mühe, ich machte eine Dampferfahrt mit dem Kind über den großen See, ich wollte ihm das viele Wasser zeigen und die hohen Schneeberge, den Kapitän, wie er in sein Sprachrohr hineinspuckt, und die gewaltigen Pleuelstangen, die im Maschinenraum auf- und niedergehen. Aber ich wurde enttäuscht: nur daß man durch das Abflußrohr das Wasser sehen konnte, interessierte das Kind, und die Glasröhre aus einer zerschlagenen Glühbirne, die es auf dem Oberdeck gefunden hatte. Da saß es in einer Ecke hinter der Reling, wo der schwarze Rauch vom Schlot sich fängt, und drehte verzückt das Glasstäbchen zwischen den Fingern.

Ratlos stand ich daneben. Das Mädchen war fünf Jahre alt gewesen, als ich es zum erstenmal recht kennengelernt hatte, es war mir nicht zugewachsen, und ich war ungeschickt mit ihm. Wenn ich es am Sonntag bei der Hand nahm und wir zusammen durch die Wälder streiften, das ›Waldvöglein‹ suchten oder die fleischfarbene Türkenbundlilie, blieb es oft hinter mir zurück, spielte mit einer Eidechse am Rain oder pflückte die unreifen Erdbeeren in der Schonung. Dann wurde ich ungeduldig und rief es zu mir, ich wollte noch zur Brunnenstube mit ihm, wo man die Bergwasser rauschen hört. Trippelnd kam es wieder an meine Hand und stiefelte tapfer neben mir in den hohen Talgrund hinauf. Es gab so viel, was ich glaubte, dem Kind zeigen zu müssen, die Welt war voller Wunder; aber ich sah, meine Wunder waren nicht die seinen. Es lahmte hinter mir her, und dann am meisten, wenn wir uns sputen mußten, alle Ziele, die ich uns gesetzt hatte, in der berechneten Zeit anzulaufen. Eines Tages mußte ich mehrere Male rufen, bis das Kind aus dem Dickicht kam, in dem ich es hätte suchen sollen. Ich drohte ihm, nicht mehr mit ihm zu wandern, wenn es nicht Schritt hielte. Da sah es mich mit einem Blick an, der von ferne zu kommen schien und in seiner lieblichen Eindringlichkeit wie der Blick seiner Mutter war.

»Warum wandern wir immer? Warum bleiben wir nicht?«

»Wo sollen wir denn bleiben?« fragte ich.

»Ich weiß nicht, vielleicht auf der Wiese.«

»Und was sollen wir da?«

»Ausruhen und einander ansehen.«

So hatte vor Jahren auch einmal die Mutter gewarnt: Jag nicht von einem Ziel zum andern! Aber wir tun's doch zusammen, wandte ich damals ein. Laß uns selber unser Ziel sein, bat sie, wir haben so wenig Zeit.

Nun, als das Mädchen mir das gleiche sagte, horchte ich auf. Hatte ich denn mein Kind nicht genügend angesehen? Um so mehr sah es mich an. Das bemerkte ich bei Tisch. Wenn ich zu ihm hinblickte, begegnete ich seinen Augen. Es lächelte.

»Faß doch die Gabel richtig an, weiter hinten am Stiel!« herrschte ich es an. Dann verschwand das Lächeln, das Kind mühte sich um das Besteck, aber wenn ich schon wieder weiteraß, schielte es unter den Lidern hervor, als meinte es, was die Mutter immer gesagt hatte: Laß dich doch nicht so gehen!

Wahrlich, nicht nur ich erzog mein Kind, mein Kind erzog auch mich, auf eine viel sanftere Art, als ich es tat. Wenn ich ungerecht schalt, war seine Haltung ein einziger schweigender Vorwurf, und ich konnte ihn nicht übersehen. Wenn ich die Suppe zu löffeln begann, ohne daß zuvor das Tischgebet gesprochen war – eine Gouvernante hätte nicht entrüsteter sagen können: »Aber, wir haben noch nicht...«

Ich konnte das Kind auch nicht mehr schlagen, was ich früher manchmal im Zorn oder in erzieherischer Absicht getan hatte. Es war so viel Würde an ihm, geerbte Würde, daß ich es nicht hart anfassen mochte. Wie der Schmetterlingsflügel hätte es durch die Berührung Schmelz verloren. Ich mußte mich zügeln und merkte dabei, daß mir der Zwang, der von dem Kind ausging, gut tat, ich wurde ausgeglichener und friedlich in mir selbst, wenn ich die jähe Regung, die Maßregelung unterdrückte und gegen mich selber wandte. Ich versuchte dem Kind, wenn es unartig war, zu erklären, daß es nicht recht habe. Dann flossen Tränen, und die Tränen schwemmten den Trotz davon, der sonst auf Strafen gefolgt war. Jetzt gab es nach solchen Gesprächen immer ein paar Stunden, in denen das Kind mir jeden Wunsch an den Augen abzulesen versuchte und mich zärtlich umwarb.

Welch neues, ungeahntes Glück empfand ich, wenn Renata mit fliegenden Zöpfchen auf der Straße neben dem Zug herlief, mit dem ich morgens davonfuhr, bis sie atemlos, die Hände hoch erhoben, stehen blieb. Mein stumpf gewordener Sinn begann sich wieder mit Gefühl zu füllen, mit einer Liebe, die mich froh machte. Ich kam selber zur Rast, wenn ich ihr am Abend über die Stirn strich, bis sich die strahlenden Augen von mir lösten, das Köpfchen zur Seite sank und die Lider ihren Vorhang vor die Tagfenster senkten. Dann konnte ich, was mir sonst nie gelang, noch eine Stunde sitzen, still sein, nicht an morgen denken und an all das, was mich ohne Unterlaß fort- und weitertrieb. Ich kannte diese Muße aus den friedvollen Abenden mit der Mutter, aus einem verlorenen Paradies, dessen Schönheit, solange ich darin gelebt hatte, mir nie genug bewußt geworden war.

Manchmal kam Renata zu mir, wenn ich mittags meine Siesta hielt, und kuschelte sich neben mich. »Erzähl was«, bat sie, aber bevor mir ein Märchen einfiel, war sie schon eingeschlummert. Dann schlief auch ich und träumte, ich sei nicht mehr allein. Sie hatte die Art ihrer Mutter, den Kopf im Schlaf auf den hochgestreckten Arm zu legen, und als ich entdeckte, daß sie dabei auch den rechten Daumen starr über die geschlossene Hand emporreckte, war mir feierlich zumute wie vor einem Wunder. In diesem Kind war mir die Verlorene lebendig geblieben. In vielen Zeichen grüßte sie mich aus der anderen Welt durch dieses Stück ihres Wesens, das sie mir zurückgelassen hatte.

Wenn es kalt im Zimmer war und wir uns zusammen unter einer Decke warm machten, kam sicherlich, ehe wir einschliefen, noch die kleine Hand über meinen Rücken gekrochen, um sich zu überzeugen, ob ich gut zugedeckt sei. »Frierst du auch nicht?« flüsterte Renata. Wer hatte sie gelehrt, für mich zu sorgen?

»Du mußt nicht so viel denken«, sagte sie ein anderes Mal, als ich mit gefurchter Stirn am Schreibtisch saß.

»Ich denke nicht, Kind, es denkt ganz von selber in mir.«

»Dann darfst du's eben nicht so viel denken lassen. Komm, spiel mit mir!«

»Ich hab keine Zeit zum Spielen, ich muß arbeiten.«

Mußte ich? Aber darüber stritt sie nicht mit mir, sie beschied sich, hockte sich an ihr Tischchen und spielte allein das Damespiel. Nach einiger Zeit redete sie:

»Jetzt zieh ich, siehst du... so, jetzt kommst du...«

»Mit wem spielst du denn?«

Sie wurde rot und zauderte.

»Mit wem spielst du denn?«

»Mit, mit... dem Vati aus der Luft. Der spielt immer mit mir, wenn du nicht da bist.«

Oft hatte ich den Freunden geklagt, Kinder könnten nie ersetzen, was die Frau einem Manne ist. »Man kann nicht vernünftig mit ihnen reden.« Kann man wirklich nicht mit ihnen reden? Als ich einmal den Wecker stellte, um auf die Minute zu erwachen, sagte sie: »Ich brauche einmal keinen Wecker.«

»Warum nicht?«

»Ich habe eine Gummiuhr in mir, ich weiß immer, wann es richtig Zeit ist.«

Meine Tage hatten ihr genaues Programm. Jede Stunde war belegt und eingeteilt. Aber war des Kindes Uhr nicht eine bessere, die der Zeit ihren Lauf ließ und nur anzeigte, wann es wirklich Zeit war? Auf welcher Seite war die Vernunft?

Ein anderes Mal fragte ich:

»Möchtest du wieder eine Mutter haben?«

»Ich habe doch eine Mutter«, antwortete sie.

»Ja, aber ich meine eine lebendige Mutter, eine, die immer da ist, die dich zu Bett bringt, die dich badet und anzieht und mit dir spazierengeht.«

»Ich hab doch dich«, sagte sie.

»Aber wen hab ich?« forschte ich.

Da wurde sie nachdenklich und meinte schließlich: »Jetzt hast du mich, aber später, wenn ich fortgegangen bin, bist du allein, dann brauchst du wieder eine Mutter.«

Können Kinder nicht auch Gefährten sein? Ich konnte so viel mit Renata unternehmen. Ich ging mit ihr zum Essen ins Hotel. Dann zog sie das Batistkleid an und hängte stolz bei mir ein, wie sie das bei den Erwachsenen sah. Wenn sie sich neben mich an den Gasttisch setzte, hob sie das Röckchen, damit es nicht zerdrückt würde, sammelte vergnügt die Blicke von den Nachbartischen und machte sich ganz besondere Mühe mit Messer und Gabel, damit es keine Flecken aufs Tischtuch gab. Und immer zögerte sie einen Augenblick, um unbemerkt bei mir abzugucken, wie man es macht. Ich war stolzer auf meine kleine Tischdame, als ich es je auf eine erwachsene Begleiterin sein konnte, mit der ich dinieren ging. Daß es gelegentlich Unfälle gab, daraus machten wir uns beide nichts. Als wir beim Schneewittchen im Kino waren, gab ich Renata schnell vor Beginn noch eine Schokoladenstange. War es ihre atemlose Spannung, die mich in den Bann des Spieles zog? Ich hatte das Kind neben mir völlig vergessen, obwohl wir uns fest an der Hand hielten. Erst als der Film zu Ende war, sah ich die Bescherung. Die Schokolade war von oben bis unten über das Festkleid verschmiert, selbst meine Hand war klebrig braun. Wir haben schallend gelacht, als wir uns im Waschraum säuberten.

Es gab viele und ganz neue Erlebnisse mit Renata, und je mehr Abenteuer ich mit ihr bestand, desto besser fanden wir uns zusammen. Das ›Weißt-du-noch-Spiel‹ der Liebe, ich kann es mit der Tochter pflegen wie einst mit der Mutter. Unsere gemeinsamen Stunden haben viele Brücken zum Gestern und zum Morgen. Wir machen Pläne, rücken Möbel, wir halten die Sonne und den Mond an, sooft es uns paßt.

Wenn unser Vogel singt – ich habe ihr einen Kanarienvogel geschenkt –, dann sieht sie mich lobheischend an. Überhöre ich's in Gedanken, mahnt sie: »Wenn der Vogel singt, muß man zuhören«, und wirklich, ich merke auf und habe Freude daran. Ich nehme wieder Anteil an den Dingen der kleinen Welt, die mir lange wie tot gewesen waren. Geht das Pflänzchen an, das wir aus dem Wald in den Garten mitbrachten, teile ich ihr Entzücken. Erscheinen die ersten frischgrünen Blättchen an den dürren Ranken, dann ist's wie das geheime Hören einer Stimme zwischen uns: Es ist gut so.

Johannes Schöne

Die kleine Weisheit

Es wird kein Zufall sein, daß mir Sophie jetzt in den Sinn kommt, die kleine Weisheit, vier Jahre alt, geführt von ihren Großeltern: links der Herr Präsident, rechts die Frau Gemahlin. Mag der alte Herr einstmals Präsident eines Industriekonzerns gewesen sein, heute legt er keinen besonderen Wert mehr auf die Titulatur. Daß man ihn – wenigstens unter den alten Einwohnern der Stadt – weiterhin als den Präsidenten bezeichnet, das liegt wohl an dem kaum veränderten Äußeren seiner Erscheinung. Zwar geht er am Stock und leicht gebückt, aber vom gebieterischen Glanz der Augen bis zum Hochglanz der Schuhspitzen repräsentiert alles Präsidentschaft. Auf der Straße schreitet er wenigstens drei Meter vor seiner Frau her; sieht er sich um, fragt sein Blick: Wo bleibst du denn! Sie lächelt wie ein gescholtenes Kind und watschelt rascher heran. Paß auf, befiehlt er vor dem Überschreiten der Straße und zeigt mit dem Stock nach links und nach rechts. Sie lächelt. Seit dem letzten Kriegswinter, in dem ihr der Tod der beiden Söhne mitgeteilt wurde, lächelt sie, um nicht zu weinen; weshalb ihr Lächeln heute noch einem Weinen sehr ähnlich sieht. Sie lächelt auch, sooft sie krank ist. Und wann wäre sie nicht krank? Ich bin schon so lange leidend, sagt sie und lächelt. Er aber reckt sein Kinn und verkündet jedem, der es hören oder nicht hören will: Ich war noch nie in meinem Leben krank. Und er lächelt nicht. So verschieden sind sie, der Herr Präsident und seine Frau.

Nur in einem sind sie ein Paar, zum Verwechseln ähnlich: Sie klagen wie aus einem Munde. Worüber? Ich fürchte, es gibt nichts, worüber sie nicht zu klagen wüßten. Freilich brauchen sie dazu einen, der zuhört und einstimmt oder wenigstens nickt. Und die Thematik ihrer Klagen richtet sich je nach dem Grad der Vertrautheit mit dem Dritten. Vor Fremden – etwa im vollen Wartezimmer des Zahnarztes – klagen sie über das Wetter und die Jugend. Im Kreise lose bekannter Altersgefährten klagen sie über die Zeitverhältnisse. Vor erwählten Ohren aber klagen sie über die Tochter. Die Tochter, sagen sie, niemals etwa: unsere Tochter, obwohl es sich um ihrer beider legitime Tochter handelt.

Daß es diese Tochter gab und gibt, erfuhr ich aus dem Munde des Präsidenten, als er mir die bevorstehende goldene Hochzeit ankündigte und ausdrücklich wünschte, die Einsegnung möchte in seiner Wohnung vor dem Kaffeetrinken stattfinden, zu welchem außer Reni und mir niemand eingeladen und auch niemand zu erwarten sei, läge doch ein schwerer Schatten auf diesem Ehrentag. Die Tochter nämlich, die vor beinah zwanzig Jahren das Elternhaus verlassen habe, sei mit ihnen wegen einer Grundstücksangelegenheit zum Staatlichen Notariat bestellt, und das am Tage nach der goldenen Hochzeit. Das Elternhaus betreten werde die Tochter natürlich nicht, das verbiete sich für beide Parteien von selbst; dennoch müsse man auf Überraschungen gefaßt sein. Denn stellen Sie sich das vor, Herr Pfarrer: Eine hochbegabte Achtzehnjährige, kurz nach dem Abitur wirft sie alles hin, verläßt das Elternhaus und wird Kellnerin, bloß um einer albernen weißen Schürze willen; und hier ist die Kirche nicht frei von Schuld; ja, wäre sie doch Diakonisse geworden, da hätte sie ihre Schürze gehabt, aber nein, Kellnerin, wahrscheinlich nicht schnell genug Bardame. Denn wenn sie auch heute ein Hotel leitet, woher hat sie denn ihr Kind, dieses Balg? Verheiratet war sie nie. Also bitte schön!

Das häusliche Hochzeitsjubiläum wurde so bedrückend, wie die kalte Pracht es war, in der wir saßen, zwischen Ledertapeten, Mahagoniprotz und Stuck. Auf das Amen der Einsegnungsfeier wurden die hochlehnigen Polstersessel an den Kaffeetisch gerückt, und mit einer halb entschuldigenden, halb abfälligen Bemerkung über die heutigen Kaffeefilter gab die Jubilarin dem goldenen Ehegatten das Signal, die Schleuse zu öffnen, und die Abwasserflut der Klagen und Anschuldigungen rauschte und gluckste. Nein, es war nicht möglich, sie aufzuhalten. Als Reni es wagte, die Jubilare an den Tod zu erinnern, indem sie sagte, man müsse doch – gleich ob jung oder alt – jeden Tag so leben, als könne er der letzte sein, da erklärte der Präsident, die Doppelgrabstelle sei schon seit langem gelöst, und für den Grabstein hätte er am liebsten Rochlitzer Porphyr, aber der sei ja so unverschämt teuer, und er möchte nicht wissen, wer da alles dran verdiene.

Wir gingen und sahen uns an. Ein trauriges Leben, sagte ich. Wenn es doch traurig wäre, meinte Reni; wo man traurig ist, da ist ja noch Hoffnung oder ein Rest von Empfindung; hier aber ist doch alles erstarrt und versteint wie Gogols »Tote Seelen«. Ich weiß noch, daß ich Reni bat, so nicht weiter über die beiden zu sprechen. So wurde es ein stummer Heimweg, als kämen wir tatsächlich aus einem Totenhaus. Reni hatte ja recht. Und als mir plötzlich der Blick des Pudels in Erinnerung kam, der unter dem Tisch zu Füßen des Präsidenten gelegen hatte, da fragte ich mich und muß mich heute noch fragen: Sind Tiere in ihrem ängstlichen Harren nicht lebensvoller und dem Gotteslicht näher, als die Unzahl der Menschen es ist, die keine starke Sehnsucht mehr kennt, keine Unruhe der Seele? Ängstliches Harren der Kreatur. Ist der Mensch darüber hinaus? Das zusammengesetzte griechische Wort, das Paulus an jener Stelle des Römerbriefes gebraucht, heißt wörtlich: das spähende Vorstrecken des Kopfes. Mein Gott, wecke du die beiden aus ihrer Starre, ehe sie sterben. Laß sie den Kopf vorstrecken aus ihren Sparkassenbüchern und Grundbuchauszügen! So habe ich damals gewünscht und gebetet, verzweifelt gebetet, weil ich versagt hatte, weil ich es wieder einmal versäumt hatte, gegen eine Wand zu schlagen mit dem mir anvertrauten Wort. Und nun ist alles überholt.

Ein paar Wochen nach der goldenen Hochzeit sah ich den Präsidenten an der Hand eines vierjährigen Mädchens vor dem Schaufenster eines Uhrmacherladens. Große Uhren machen ticktack, erklärte das Kind, und der Präsident nickte sehr ernsthaft. Dann führte das Kind ihn weiter. Sollte es das Töchterchen der Tochter sein, das der Präsident als Balg bezeichnet hatte? Was er mir in den nächsten Tagen bekannte, das war so freundlich, daß es alles Trübe jener Kaffeestunde aufwog.

Die Tochter war am Tag nach der goldenen Hochzeit pünktlich auf dem Notariat eingetroffen und hatte in Gegenwart ihrer Eltern jene erforderliche Unterschrift geleistet, ohne Rückfragen oder Ansprüche zu stellen. Sie hatte eine Nachtfahrt von Rostock hinter sich und offensichtlich nur den Wunsch, ein Hotelzimmer zu finden, in dem sie die kleine Sophie zu Bett bringen konnte. Sophie fieberte zwischen Lachen, Weinen und Schwatzen. Das Kind muß ein Senfmehlfußbad kriegen, sagte die Frau des Präsidenten, ohne das streng verweisende Räuspern ihres Gatten zu beachten.

Da Sophie gewohnt war, außerhalb des Kindergartens bei den Freunden ihrer vielbeschäftigten Mutter die Runde zu machen, legte sie ihre heiße Hand zwischen die kühlen Finger der alten Frau, von der sie eben erfahren hatte, sie sei ihre richtige Großmutter. Ihre Mutter aber sagte: Ich hole dich heut abend wieder ab, Sophie. Zur vereinbarten Stunde fuhr sie auch vor dem Haus der Eltern vor und betrat die Wohnung, die sie vor zwei Jahrzehnten grußlos verlassen hatte. Sophie schlief, nachdem ein Arzt dagewesen war und erklärt hatte, das Kind sei nicht reisefähig. Wenn ich euch das zumuten darf, sagte Sophies Mutter, so behaltet sie bis zum Sonntag; dann hole ich sie. Aber bereits am Donnerstag erhielt sie ein Telegramm: SOPHIE WOHLAUF STOP MOECHTE GERN BLEIBEN STOP GROSSELTERN. Das war nicht gelogen, aber die volle Wahrheit brachte eine Woche später das folgende Telegramm: MOECHTEN SOPHIE NOCH BEHALTEN STOP GROSSELTERN. Mit der Unterschrift bekannten sie sich ausschließlich zur Enkelin, zu einer Sophie, die der Herr Präsident ihrer unehelichen Geburt wegen einst als die größte Dummheit bezeichnet hatte, deren die Tochter bisher fähig gewesen sei. Ob er wußte, daß Sophie Weisheit heißt? Jedenfalls war er es, der sich nicht mehr von ihr trennen wollte. Der ist wie umgekrempelt, zischelte die Präsidentin mir ins Ohr, als wir einmal beide am Paketschalter standen. Er wartete mit Sophie vor dem Postamt. Dann spazierten sie, Sophie in ihrer Mitte, Hand in Hand weiter durch die Stadt.

Sophie mochte Großvaters Stock nicht leiden, also ließ er den Stock zu Hause; sie wollte den Pudel ausführen, also durfte sie mit Senta bis zur Ecke gehen, nein, weiter nicht. Und Sophie, die kleine Weisheit, gehorchte ohne Widerstreben. Sophie wollte wissen, was ein Nashorn ist. Da fuhr Großvater mit ihr in den Zoologischen Garten, aber die Affen gefielen Sophie besser, und zu Hause bat sie den Großvater, er solle die Großmutter lausen, doch das tat er nicht; Sophie aber durfte Lausen spielen, mit Großmutter und Großvater, und beide hielten still. Regnete es, so malte Sophie mit Farbstiften, und der Großvater mußte dabeisitzen und auch malen. Den Stall in Bethlehem sollte er malen. Nein? Aber den Engel! Nein, der Großvater konnte keinen Engel malen und nicht einmal einen Stall. Aber, sieh da, was der Großvater kann: vierstöckige Häuser mit Balkonen und sechs Schornsteinen auf dem Dach. So ein Haus, sagte der Großvater, so ein Haus erbst du einmal. Sophie versteht nicht. Ein Haus und Erbsen? Als der Großvater hinausgerufen wird, malt sie auf jeden Schornstein einen Engel.

Abend für Abend aber, sobald Sophie in ihrem geborgten Kinderbett liegt, faltet sie die Hände und betet laut: Lieber Gott, ich danke dir für den schönen Tag. Amen. Und die Großmutter, die am Bett steht, und der Großvater, der an der Tür lehnt, müssen auch die Hände falten und amen sagen. Die Mutter in Rostock tut es nämlich auch. Die zündet sogar eine Kerze an. Aber der Großvater will es lieber dunkel haben. Manchmal, wenn sie noch recht munter ist, zählt Sophie dem lieben Gott auch das Schöne auf, eines nach dem anderen. Die Großeltern sind dann ganz still.

Immer häufiger sieht man den Großvater mit Sophie in der Stadt. Vormittags gehen sie einkaufen, nachmittags machen sie das große Ringel oder bei Regen das kleine und ab und zu das große und das kleine, da wird es eine Acht und dauert mit Senta zwei Stunden. Neuerdings können es auch zweieinhalb Stunden werden. Der Großvater muß nämlich der Großmutter Blumen mitbringen, weil die Mutter in Rostock doch auch immer Blumen kriegt von ihren Freunden.

Als ich ihn so traf, mit Blumen, Hund und Sophie, fiel mir nichts anderes ein als zu sagen: Der Großvater entfaltet sich zu schönster Blüte. Er sah mich lange schweigend an, so daß ich schon fürchtete, ich könnte ihn verletzt haben. Da senkte er den Blick auf Sophie, die bei dem Pudel kauerte, und sagte: Jeder Tag kann der letzte sein. Bald darauf holte die Tochter ihre Sophie endgültig ab. Vielleicht hatte er nur diesen ungewissen Tag der Abholung gemeint, vielleicht auch nicht. Eins ist gewiß, weil feststellbar: Man hört die beiden kaum noch klagen. Ihr

Thema ist Sophie, Sophie, als sie letzthin da war, Sophie, wann sie nächstens wiederkommt. Die kleine Weisheit läßt keinen Raum für Klagen.

Alles hat einen Knacks

Erika Ludwig

Die seltsamen Wege Gottes

Es war um die Mittagszeit und viel Verkehr auf dem Hauptbahnhof. Zwei Buben trieben sich in der Halle herum. Sie hatten etwas vor. »Heute machen wir's!« hatte der Ältere von beiden gesagt.

»Ja«, antwortete der Kleinere.

»Du? Hah, du wagst doch nichts!« Der Große stieß ihn verächtlich in die Seite.

Gewiß, der Gedanke war von ihm, dem Anführer, gekommen. Er war der Stärkere. Und er hatte Erfahrung, wie er sagte. Er hatte schon von Kameraden gehört, daß man ganz schön zu Geld kommen konnte, wenn man nur Glück hatte.

Es dauerte ziemlich lange, bis der große Junge seinen Begleiter auf eine schon ein wenig ältere Frau hinwies, die gut aussah und Erfolg versprach. Sie schob den Gepäckkarren vor sich her, mit zwei Koffern beladen. Oben, im kleinen Fach, stand ihre Handtasche. Die Buben traten wie von ungefähr von hinten auf sie zu. Die Augen des Größeren blitzten. »Jetzt«, flüsterte er. Als hätte der Teufel die Hand im Spiel, blieb die Frau vor der Anzeigetafel stehen und suchte unter den 14-Uhr-Zügen den Anschluß ihrer Weiterreise. Sie mußte genau hinsehen und nickte zufrieden. Es würde klappen.

Doch dann weiteten sich ihre Augen vor Entsetzen: Ihre Tasche war verschwunden! Sie lief, so schnell sie in ihrer Aufregung nur konnte, zur Bahnpolizei und gab den Verlust an: die Tasche mit der Fahrkarte, 48,50 Mark, ihr Ausweis und das Taschentuch... Ach ja, auch noch ein Foto war darin gewesen, ein Bild von ihr und ihrem Sohn! Ein altes, liebes Bild! Er war damals erst zwölf, ihr Junge. Eine kostbare Erinnerung!

Das alles wußten die Buben auch bald, der kleine Zaghafte und sein großer Freund. Er hatte die gestohlene Tasche in seiner Schulmappe verschwinden lassen. Da schöpfte keiner Verdacht. Und so schlenderten sie dem Hallenausgang zu. Es war nicht weit bis zu dem Kinderheim, in dem sie wohnten. Doch dem Kleinen schien es wie ein Weg ohne Ende.

»Mensch, das ist doch ein Erfolg!« sagte der Große. »Das hätte ich dir gar nicht zugetraut!« Es sollte ein Lob sein.

Ein Erfolg? So, wie wenn ein Sportler eine Medaille gewonnen hatte?

So schien es der Große zu sehen.

Im Heim saßen sie dann auf ihren Betten und packten aus. »Och, nur so wenig Geld!« meinte der Große enttäuscht und steckte es in seine Hosentasche. Alles übrige durfte der Kleine behalten. Wertloser Kram!

Nachts aber sah der Junge immer das Foto vor sich, das er in der Tasche gefunden hatte. Er selbst hatte keine Mutter gehabt, mit der er sich fotografieren lassen konnte. Er dachte immer wieder daran, wie sich das fremde Kind an die Mutter lehnte. Ein freundliches Lächeln auf dem Gesicht. Er hatte die Eltern durch einen Autounfall verloren, als er drei Jahre alt war. Und da ihn keine Verwandten brauchen konnten, hatte man ihn in ein Heim gegeben.

Gewiß, seine Heimtante war gut zu allen Kindern und versuchte, ihnen ein Zuhause zu schaffen. Auch ihn hatte sie lieb. Er hatte bisher wenig Aufhebens gemacht. Ordentliche Zensuren, stilles Wesen, Hilfsbereitschaft... Bis er den größeren Jungen aus einer der anderen Gruppen kennenlernte. Der ließ ihn nicht wieder los.

Lange lag er in dieser Nacht wach. Noch nie hatte er etwas Ähnliches getan. Die fremde Handtasche war hinter seiner Wäsche im Schrank versteckt worden, wie es ihn der andere geheißen hatte. Aber es schien, als hielt sie keine Ruhe. Immer wieder kroch das Bild aus ihr heraus und stand ihm vor den Augen. Was für ein quälender Besitz!

Eine Mutter! Der Junge auf dem Foto hatte eine Mutter! Wie alt mochte er sein! Bestimmt nicht erst zwölf Jahre wie er. Die Frau, der er die Tasche genommen hatte, sah älter aus. Vielleicht war der Sohn schon erwachsen und dachte nicht mehr daran, sich an die Mutter zu lehnen. Vielleicht trug sie das Bild mit sich herum, weil sie Sehnsucht nach ihrem Kind hatte. Und er hatte ihr die Erinnerung weggenommen, gestohlen! Vielleicht weinte sie jetzt. Was ihm doch alles in dieser dunklen Nacht durch den Kopf ging!

Er sah sie vor sich, auch am nächsten Morgen, als es wieder hell war und das Heim voller Leben. Und später in der Schule. Mitten im Unterricht schob sich zwischen ihn und den Lehrer das Bild der Mutter mit ihrem Sohn.

Am Nachmittag, als die Schularbeiten erledigt waren und sie frei hatten, holte er heimlich die gestohlene Tasche hervor. Seine Hand zitterte. Sie hatte noch nie in seinem Leben gezittert. Warum auch? Er hatte sich noch nie so einsam gefühlt. Schließlich war er doch ein großer Junge und das Leben im Heim gewöhnt. Ihm waren keinerlei Erinnerungen an seine Eltern geblieben. Das Kinderheim war sein Zuhause geworden. Er entbehrte nichts. Es war ihm wenigstens bisher so erschienen. Bis er das Bild aus der Tasche nahm.

Wie die Mutter so neben dem Jungen stand! Man sah an seinem Jackenärmel ein kleines Stück ihrer Hand. Sie hatte wohl beim Fotografieren den Arm um ihn gelegt. Die beiden gehörten zusammen.

Der kleine Dieb nahm die fremde Tasche und verbarg sie unter seinem Anorak. Dann lief er zu der Straße, die er auf dem Ausweis der Frau gelesen hatte. Und schon bald stand er vor der fremden Wohnungstür. Sein Atem ging rasch vom Laufen, und als auf sein Klingeln hin geöffnet wurde, spürte er, wie seine Hände schweißnaß und sein Bubengesicht rot wurde. Er mußte, ob er wollte oder nicht, auf die Mutterhand sehen, die auf dem Foto den Arm ihres Sohnes umfaßt hielt.

»Hier ist Ihre Tasche«, sagte er kleinlaut und blickte die Frau mit seinen kindlichen Augen an, die plötzlich voller Tränen standen und die Frau mit einem Schlag erkennen ließen – und dabei war bestimmt Gott am Werk, der ja die Liebe ist –, daß hier ein armes, verführtes Kind vor ihr stand, das das Stehlen nicht gewöhnt war.

Sie ließ den Jungen eintreten und gab ihm ein Glas Limonade zu trinken. Dann erzählten sie einander die bittere Geschichte ihrer Schicksale. Daß der Bub seine Eltern verloren hatte und daß die Frau von ihrem Sohn verlassen worden war und sie als einzigen Trost das Foto aus alter Zeit besessen hatte.

»Weißt du«, sagte sie, »wir werden nun miteinander nach einem Ausweg suchen, nach einem guten Weg. Ich glaube, daß Gott dich zu mir führen wollte, wenn auch auf seltsame Weise. Er ist ja oft unbegreiflich. Aber nun darfst du zu mir kommen, sooft du willst und sollst zu mir gehören. Dann hast du wieder eine Mutter, und ich habe einen Sohn!«

Eine Weile war es still zwischen den beiden. Dann sagte der Junge, und seine Augen wurden hell von dem großen Glück, das ihm widerfahren war – er war ja noch ein Kind!: »Und gehst du mit mir dann auch einmal zum Fotografen und läßt ein Bild von uns machen?«

Und dabei reichte er über den Tisch hinweg zaghaft, aber wie verzaubert seine Bubenhand nach den Händen seiner neuen Mutter.

Wilhelm Busch

»...gib mir einen neuen, gewissen Geist...«

»Herein!«

Der Pfarrer drehte sich nach der Tür um. Etwas aufgeregt kam eine stattliche Frau herein. Gleich polterte sie los:

»Ich höre, Sie wollen meine Nichte nicht konfirmieren?«

Der Pfarrer begütigte: »Setzen Sie sich erst mal. So! Nun will ich Ihnen in aller Ruhe die Sache erklären. Sehen Sie, Ihre Nichte – sie wohnt ja wohl seit dem Tode der Eltern ganz bei Ihnen – ist geistig ungeheuer beschränkt. Sie ist ja auch in der Hilfsschule für Minderbegabte. Ich habe versucht, das Kind zu unterrichten. Aber es hat nicht ein Lied behalten können, vom Katechismus ganz zu schweigen. Und da müssen Sie verstehen, daß ich dies schwach begabte Kind unmöglich zur Konfirmation zulassen kann...«

Die Frau unterbrach ihn: »Das ist ja alles schön und gut; aber jetzt will ich Ihnen sagen: Gott hat dies arme, schwache Kind als Werkzeug benutzt, um unser ganzes Haus umzuwandeln.«

Erstaunt schaute der Pfarrer auf: »Wie ging denn das zu?«

»Ich weiß nicht, ob Sie es wissen: Wir führen eine Wirtschaft. Ich muß offen bekennen: es herrschte bei uns ein übler, leichtsinniger Geist. Als nun meine Schwester starb, vor einem Jahr, nahm ich ihr

Töchterchen in mein Haus auf. Das arme Wurm tat mir leid. Viel Platz hatte ich ja auch nicht. Aber ich stellte noch ein Bett in die große Kammer, in der die beiden Mädchen schlafen, die in der Wirtschaft beschäftigt sind.

Und nun geschah etwas Seltsames. Als das Kind am ersten Abend spät mit den Mädchen zu Bett ging, da faltete es seine Hände und betete den einzigen Spruch, den es behalten hatte: ›Schaffe in mir, Gott, ein reines Herz und gib mir einen neuen, gewissen Geist.‹

Na, sie können sich denken, die beiden Mädchen fingen an zu kichern und zu spotten. Aber die Kleine kümmerte sich nicht darum. Sie schlief ein. Und am nächsten Morgen betete sie ihr Sprüchlein aufs neue.

Wieder großes Hallo der beiden. Als aber die Kleine am Abend wieder betete und eines von den beiden Mädchen anfing zu lachen, sagte das andere ernst: ›Du, dies Kind hat recht; das ist es, was uns fehlt: ein reines Herz. O Gott, ja, das fehlt mir. Ich bete mit!‹

Und wahrhaftig, das Mädchen betete auch: ›Schaffe in mir, Gott, ein reines Herz und gib mir einen neuen, gewissen Geist!‹ Nach drei Tagen betete auch die andere um einen neuen Geist. Und nun wissen Sie das besser als ich, Herr Pastor, wenn man um den Heiligen Geist bittet, dann kommt er.

Ich will's kurz machen. Meine Mädchen wurden ganz anders. Ich fragte: ›Wie kommt das, daß ihr so anders geworden seid?‹ Da erzählten sie alles. Und sie sagten: ›Wenn der Geist hier im Haus nicht anders wird, dann gehen wir.‹ Nun, ich erschrak.

Sie hatten recht. Da fing auch ich heimlich an zu beten. Und heute sieht es bei uns anders aus, völlig anders. Mein Mann hält mit uns des Morgens Andacht. Wo früher der Teufel regierte, da regiert heute Gottes neuer Geist, und das alles kam durch dieses Kind.«

Aufmerksam hatte der Pfarrer zugehört.

»Liebe Frau«, sagte er tief bewegt, »das Kind wird konfirmiert!«

Edna Hong

Alles hat einen Knacks – Weihnachten in Bethel

Kurt hatte unter allen Freunden Günthers in Haus Patmos die meisten Anfälle – und auch die schwersten. Mit jeder Gehirn-Attacke wurde er körperlich hinfälliger. Und doch war es Kurt, der Günther reicher beschenkte als alle anderen Patmos-Kinder – nämlich mit der Schilderung einer harmonischen Familie, mit dem lebendigen Bild eines irdischen Zuhause voller Liebe; das hing nun an den kahlen Wänden von Günthers Vorstellungswelt.

Solange abends im Schlafraum das Licht noch nicht ausgedreht war, preßten die beiden Jungen das Gesicht gegen die Bettgitter und redeten miteinander. Der eine goß die überströmende Liebe zu seinem Zuhause dahin, wo bei dem anderen eine Leere war. Er goß sie so reichlich aus, daß Günther anfing, Kurts Eltern im Gespräch »Mami« und »Vati« zu nennen, als seien es seine eigenen Eltern.

»Wie hieß Mami eigentlich?« fragte Günther einmal.

»Rahel. Vati nannte sie manchmal ›Rahel, du meine Freude, mein Juwel, meine Jüdin‹. Dann hob er mich hoch und umarmte mich und nannte mich ›Benjy‹.«

»Wieso Benjy? Du heißt doch Kurt.«

Also mußte Kurt ihm die biblische Geschichte von Jakob, Lea, Rahel und den zwölf Söhnen erzählen. Benjamin war der jüngste. Der war Jakobs liebstes

Kind, weil er Rahels Sohn war, und Jakob liebte Rahel am meisten.

»Verstehst du, Jakob und Isaak und Abraham sind meine Vorfahren.«

»Das sind bloß drei«, sagte Günther, voller Stolz, daß er mit den Zahlen Bescheid wußte.

»Ach, wo denkst du denn hin!« lachte Kurt, und dann erklärte er Günther, wie das mit den »Vorfahren« gemeint ist.

»Sind denn Jakob und Isaak und Abraham auch meine Vorfahren?« fragte Günther.

»Eigentlich nicht, weil du kein Jude bist. Sie waren auch nicht Vatis Vorfahren. Vati war kein Jude. Aber wir haben alle jüdischen Feste gefeiert – das Fest der Tempelweihe, das Purimfest, das Passahfest. Und die christlichen Feste auch – Advent, Weihnachten und Ostern. Alle Feste haben wir gefeiert, Vati, Mami und ich. Aber am meisten Weihnachten.«

»Weihnachten, was ist das?« fragte Günther.

Entsetzt fuhr Kurt in seinem Bett hoch. »Du willst doch nicht etwa sagen, daß du nicht einmal weißt, was Weihnachten ist?«

»Wir haben nie irgendwas gefeiert«, antwortete Günther kleinlaut.

In dem Augenblick ging das Licht aus.

Günther flüsterte im Dunkeln: »Meinst du, daß wir hier in Bethel Weihnachten feiern werden?«

»Natürlich! Hier in Bethel feiern wir alles! Hier ist es ganz wie zu Hause. Schlaf jetzt, Günther. Ich bin müde.«

Aber ein Weilchen später hörte Günther, daß Kurt halblaut vor sich hin sagte: »Nicht ganz wie zu

Hause«, und daß er leise weinte. Günther lag im Dunkeln da und machte sich Gedanken. War es besser, wenn man ein wunderschönes, liebevolles Zuhause gehabt und es verloren hatte – oder war es besser, wenn man so ein Zuhause nie kennengelernt hatte? Bald weinte auch er still vor sich hin, über den großartigen Vati, der Professor war, der gegen Kriegsende eingezogen wurde wie damals alle, der an die Front kam und gleich am ersten Tag dort fallen mußte. Über die hübsche Mami, die so dunkle Locken hatte wie Kurt und die in der Grippeepidemie nach dem Krieg verstorben war. Über diesen schönen Jungen, diesen Benjy, der auch die Grippe gekriegt hatte, dann die Masern und dann diese Anfälle, und der jetzt immer schwächer wurde.

Am nächsten Morgen stand Willi schon zeitig zwischen ihren beiden Betten. Ihm war es ebenso klar wie Günther, der es mit seinen Augen sah, daß Kurt in dieser Frühe einen Anfall hatte und in heftigen Krämpfen lag. Endlich hörten das Schütteln und die Zuckungen des Körpers auf, kraftlos und erschöpft lag er da; allmählich kam er aus seinem geistigen Dunkel wieder zum Bewußtsein und öffnete die Augen.

»Ich glaube, bald komme ich zu Vati und Mami.«

»Nein!« rief Günther heftig.

Vorwurfsvoll wandte ihm Willi das blinde Gesicht zu.

»Nich' nein sagn! Zuhause in Himmel gut. In Himmel am allerschönsten.«

»Nein, nein, nein«, schluchzte Günther.

»Günther, Willi sing' von Zuhause in Himmel«,

sagte Willi, der so wenige Wörter zu sprechen, aber so viele Lieder zu singen wußte.

»Jerusalem, du hochgebaute Stadt,
Wollt Gott, ich wär in dir!
Mein sehnlich Herz so groß Verlangen hat
Und ist nicht mehr bei mir.«

»Ich weiß, wann ich da sein werde!« sagte Kurt, und seine Stimme klang fest und fröhlich. »Zu Weihnachten!«

So kam es, daß Günther seinem ersten richtigen Weihnachten mit sehr geteilten Gefühlen entgegensah. Einerseits war es, als ob er einen neuen Stern entdeckte: Zuerst war da ein winziges Lichtpünktchen am Himmel, das wurde von Tag zu Tag größer, bis es schließlich der größte und hellste Stern war. Andererseits war es aber, als ob eine dunkle Wolke dicht über dem Horizont auftauchte; und die Wolke wurde auch von Tag zu Tag größer. In der ganzen Zeit, als Günther nach und nach eine klarere Vorstellung von Weihnachten bekam – in dieser ganzen Zeit ging sein Freund Kurt nach und nach dem Tode entgegen.

Nicht daß dieses Aufeinanderprallen der Gefühle im geringsten seine tägliche Freude über täglich neue Entdeckungen gestört hätte! Das erregende Bewußtsein »ich lebe, ich lebe!«, das er in Bethel zum ersten Male kennengelernt hatte, wurde um so stärker, je mehr er Bethel als sein Zuhause empfand. Sein Körper entwickelte immer mehr den Drang, sich zu rühren und zu strecken. Da er nicht laufen durfte und nicht kriechen konnte, fand er andere

Möglichkeiten, sich zu bewegen. An einem besonders warmen und sonnigen Herbsttag rollte er von der Wolldecke herunter; dabei merkte er, wie viel Spaß es macht, wenn man über vertrocknete, runzelige Herbstblätter rollt und sie knistern hört. Am gleichen Tag entdeckte er einen Haufen Marienkäfer, die gerade ihr Winterquartier bezogen.

»Da, guck mal!« rief er, »so viele! Die kann nicht mal Manfred zählen!« Und das stimmte. Diesmal reichten die Zahlen nicht aus, die Manfred im Kopf hatte. Bei den Marienkäfern versagte das statistische Triebwerk seines Gehirns.

Am ersten Adventssonntag hoben sich die gegensätzlichen Empfindungen, mit denen Günther auf Weihnachten zuging, nahezu auf. Um drei Uhr war das Angstgefühl praktisch verschwunden. Bis dahin war alles neu und erregend schön. Zum Wecken läutete nicht wie sonst eine Glocke, heute gingen die Schwestern von Haus Patmos mit brennenden Kerzen in den Händen durch alle Schlafräume und sangen das schöne Adventslied von Paul Gerhardt:

»Wie soll ich dich empfangen
Und wie begegn ich dir,
O aller Welt Verlangen,
O meiner Seelen Zier?
O Jesu, Jesu, setze
Mir selbst die Fackel bei,
Damit, was dich ergötze,
Mir kund und wissend sei.«

Dann erklang vom Berg der Zionskirche her –

Pastor Kuhlos Bläserchor spielte – das Lied: »Macht hoch die Tür, die Tor macht weit, es kommt der Herr der Herrlichkeit«. Damit auch bestimmt jeder, aber wirklich jeder in jedem Haus von Bethel diese aufrüttelnde Musik hören konnte, zog der Bläserchor den Berg herunter zum ersten Haus von Bethel, Alt-Ebenezer, dann den steilen Jägerbrink hoch am Diakonissen-Mutterhaus Sarepta vorbei, weiter den Berg hinauf zum Bethelweg und über den Saronweg wieder herunter. Vor Haus Patmos machten sie halt und spielten das Kinder-Weihnachtslied: »Ihr Kinderlein, kommet, o kommet doch all«.

Jeder Raum in Haus Patmos war an diesem Morgen vom herben Duft des Tannengrüns erfüllt. In jedem Raum war ein Adventskranz aufgehängt, mit vier weißen Kerzen für die vier Adventssonntage. Der größte Kranz hing im Speisesaal über dem Mitteltisch. Seine erste Kerze wurde nicht angezündet, solange Pastor Fritz noch nicht da war. Er kam nach der Mittagsruhe. Günther sah gleich, daß es diesmal anders sein würde als sonst, wenn Pastor Fritz um diese Zeit eine biblische Geschichte erzählte. Frau Julia war nämlich dabei und hatte einen Korb in der Hand, der mit roten Bändern geschmückt war. Und in dem Korb lagen lauter Lebkuchensterne, ihre Zacken waren mit Punkten von Zuckerguß verziert.

Die Stimmung der Patmos-Kinder war nach den bisherigen Ereignissen des Tages schon sehr gestiegen. Vielleicht zu sehr. Jetzt, da der Onkel Pastor und seine Frau bei ihnen waren, wurde ihr lautes Rufen geradezu ohrenbetäubend. Als beide sich zu ihnen unter den Adventskranz setzten, erhob sich ein ungeheures Jubelgeschrei. Die Kinder steckten sich gegenseitig an mit ihrer gewaltigen Freude; und so herrschte bald im ganzen Raum – ohne daß auch nur ein Kind es gewollt hätte – ein Riesenspektakel.

»Sch-sch! Seid still, Kinder, seid doch still!« riefen die Patmos-Schwestern und sprangen erschrocken auf. Aber der grenzenlose Jubel steigerte sich immer mehr. Pastor Fritz bedeckte das Gesicht mit den Händen und legte den Kopf auf den Tisch. Da ließ der Lärm nach, und bald trat Ruhe ein. Ehe die Stille so übermäßig werden konnte wie vorher das Getöse, hob Pastor Fritz lächelnd den Kopf. Es herrschte Schweigen im ganzen Raum.

»Ja, Kinder, jetzt kann ich Advent hören! Ihr wißt doch, Advent ist eine stille Zeit, da bereiten wir uns im Herzen auf das Christuskind vor, das bald geboren wird. Ich möchte gern, daß ihr heute ein Gebet lernt. Es ist von Martin Luther und steht in dem Lied, das er für seine eigenen lieben Kinder geschrieben hat. Jetzt hört mal ganz gut zu!

Ach mein herzliebes Jesulein,
Mach dir ein rein sanft Bettelein,
Zu ruhn in meines Herzens Schrein,
Daß ich nimmer vergesse dein.«

Die Kinder sprachen es ihm folgsam nach. Als sie es so gut gelernt hatten, wie sie eben konnten, sangen sie den Vers mit gefalteten Händen und gesenkten Köpfen.

Als Günther dann den Kopf wieder hob, war sein Angstgefühl ganz und gar verschwunden. Wenigstens glaubte er das. Vielleicht brach deshalb seine Freude nachher so plötzlich zusammen und wurde zerstört.

»Schwester Friedchen, wer zündet denn dieses Jahr die erste Adventskerze an?« fragte Pastor Fritz.

»Wir haben uns gedacht, dies Jahr sollte Kurt das tun«, war Schwester Friedchens Antwort. Sie hob Kurt aus dem Wagen, in dem er jetzt gefahren wurde, weil er zum Laufen zu schwach war, und gab ihn Pastor Fritz in die Arme. Der glänzende kahle Kopf neigte sich auf den dunkellockigen Kopf, und einen Augenblick lehnte sich eine gerötete Wange an eine blasse, magere Wange.

»Benjamin, mein Kind! O mein kleiner Benjy!«

Voller Verwunderung sah der Junge auf. Seine Hand tastete nach dem Gesicht von Pastor Fritz und fühlte dort etwas Feuchtes.

»So hat mein Vati mich genannt! Woher weißt du das?« flüsterte er, und seine dunklen Augen glänzten.

Gespannt sahen die Kinder, wie Schwester Friedchen dem Jungen ein kleines brennendes Licht in die Hand gab und wie er sich nach der großen Kerze am Adventskranz ausstreckte, die noch nicht angezündet war. Doch ehe die Flamme der einen Kerze den Docht der anderen berühren konnte, fiel das brennende Lichtchen herunter. Ein seufzendes Stöhnen kam über Kurts Lippen, und ein Krampf nach dem anderen schüttelte seinen Körper. Rasch nahm ihn Schwester Friedchen auf den Arm und verließ mit ihm den Raum.

Frau Julia hatte das Lichtchen gerettet; Pastor Fritz zündete ruhig die große Kerze an und sang dabei den Gebetsvers. Seine Frau und die Schwestern stimmten ein. Nun brannte die Adventskerze; der Gesang wurde stärker, als nach und nach auch einige Kinder einfielen.

Aber da stieß Günther in seiner plötzlich wiedergekehrten Angst und Not aus voller Kehle einen gellenden Schrei aus, der den Gesang verstummen ließ. »Alles hat einen Knacks!«

Alle drehten sich nach Günther um und sahen ihn an, aber Günther schaute nur auf ein Gesicht. Noch einmal schleuderte er seine wilde, verzweifelte Klage diesem Gesicht entgegen:

»Alles hat einen Knacks!«

Jetzt waren sämtliche Blicke erwartungsvoll auf Pastor Fritz gerichtet. Der sah Günther an, und einen Augenblick schien es, als ob die zentnerschwere Last von Schmerz und Leiden, die sich in Bethel zusammenballt, Pastor Fritz erdrücken wolle.

Für Günther war das Gefühl der gespannten Vorfreude auf Weihnachten praktisch ausgelöscht durch jenes andere, das Gefühl der Angst. Seine Klage wurde zum Hilferuf: »Was ist denn so Großes an Weihnachten?«

Die kleine Kerze sank auf den Tisch; gleichmäßig tropfte das Wachs herunter. Frau Julia langte nach ihr, blies sie aus und faßte die Hand von Pastor Fritz. Seine Hand klammerte sich fest an ihre.

Die Stille tat weh von dieser Not Günthers und der Patmos-Kinder. Die Not der anderen Kinder war nicht Günthers Not, aber sie spürten, daß Günthers Not über ihren geliebten Onkel Pastor gekommen war.

»Kinder«, sagte er endlich, wandte sich von Günther zu ihnen, ganz persönlich, mit einer Bitte an sie, und jeder einzelne empfand, wie persönlich diese Bitte war: »Günther möchte wissen, was das Große an Weihnachten ist. Es ist nötig für Günther, zu wissen, was das Große an Weihnachten ist. Und ihr seid nötig für mich, ihr müßt mir helfen, ihm das zu sagen. Bitte, helft ihr mir?«

Günthers Hilferuf konnten die schwachen und von Krankheit verstörten Patmos-Kinder zwar nicht fassen, aber Onkel Pastors Bitte um Hilfe, die hörten sie wohl. Sie gingen eifrig daran, mit ihren armen Gehirnen zu arbeiten, so gut das den armen, geschädigten Gehirnen nur möglich war. Um eine solche Bitte zu erfüllen, mußte man sein Gehirn schon tüchtig anstrengen, das begriffen sie.

Manfred war der erste, der aufstand und das Ergebnis seiner Denkarbeit vorbrachte: »Weihnachten ist im Dezember. Dezember ist der zwölfte Monat. Weihnachten ist am Fünfundzwanzigsten. Am fünfundzwanzigsten Tage im zwölften Monat.«

»So ist es. Schönen Dank, Manfred!« sagte Pastor Fritz, und Manfred setzte sich.

Monika sprang auf und strahlte Pastor Fritz an. »Luujah! Susannah!« sang sie und setzte sich wieder hin.

»Danke sehr, Monika«, sagte Pastor Fritz. »Kann sonst noch jemand Günther sagen, was das Große an Weihnachten ist?«

Ganz unten am Tisch erhob sich Petra; sie war die älteste Patientin in Haus Patmos, fünfunddreißig Jahre alt, aber ihr Verstand war fünf Jahre jung. Sie war als treue Helferin für die kleinen Kinder in

Patmos geblieben, und auch jetzt bot sie wieder ihre Hilfe an. Schließlich hatte sie die Weihnachtsgeschichte ja schon oft gehört.

»Weihnachten ist so groß, weil Gott uns da seinen Sohn Jesus geschickt hat, unsern Heiland.«

»Das ist wahr, Petra. Dankeschön! Aber warum? Warum, Kinder, hat Gott uns seinen Sohn als Heiland geschickt?«

Willi hatte in allen Liedern und Psalmen gesucht, die er auswendig konnte. Jetzt sprang er auf. »Die Gefangenen Israels erlösen!« rief er.

»Sehr gut, Willi. Danke!« Aber Pastor Fritz schien noch immer auf eine andere Antwort zu warten.

Leni, die in vollkommener Nachahmung von Onkel Pastor das Gesicht mit den Händen bedeckt und auf den Tisch gelegt hatte, mühte sich ab und zerbrach sich den Kopf. Warum, oh, warum nur hatte Gott uns zu Weihnachten seinen Sohn geschickt? Und schließlich brach in diesem dämmernden Gehirn ein großes Licht hervor. Leni kletterte auf ihren Stuhl und von da auf den Tisch.

»Darum«, rief sie siegesgewiß, »weil alles einen Knacks hat!«

Pastor Fritz ging auf Leni zu und schloß sie in seine Arme. Von ihrer stolzen Höhe aus konnte sie ihn begeistert auf den Kopf küssen. Dann kniete Pastor Fritz neben Günthers Stuhl nieder. Ihre Blicke trafen sich. Auf dem gleichen Weg, auf dem der Schmerz so rasch von einem zum andern gelangt war, kam das strahlende Vertrauen wieder.

»Es ist wahr, Günther, daß alles einen Knacks hat. Gott sieht den Knacks besser als wir, und der Knacks ist noch viel, viel schlimmer, als wir glauben. Und darum hat Gott seinen Sohn aus der himmlischen Heimat auf unsere Erde geschickt. Nicht damit er den Knacks überkleistert, sondern damit er alles ganz neu macht. Das ist das Große an Weihnachten, Günther.«

Mit einer Hand hatte Pastor Fritz Leni gefaßt; mit der anderen ergriff er Günthers Rechte. »Diese Hand wird nie schreiben können, Günther, aber dein Geist ist klar und gesund. Ich werde Gottes Heiligen Geist bitten, daß er deinen Geist bei der Hand nimmt, daß er ihn führt und dir geduldig die volle Bedeutung von Lenis großer Antwort auf deine sehr gute Frage durchbuchstabiert. Günther, ich danke dir für deine Frage. Leni, ich danke dir für deine Antwort.«

Ursula Becker

Nur Judy wurde nicht gerufen

Es ist mir, als sei es erst gestern gewesen, als unser Vater uns in sein Zimmer rief. Nur Judy hatte er nicht gerufen. Sie saß bei Mutter in der Küche und half ihr beim Äpfelschälen.

Wir dachten zuerst, wir hätten etwas angestellt, konnten uns aber an nichts Bestimmtes erinnern. Helga weinte sogar ein bißchen, nicht, weil Vater besonders streng war, sondern weil sie eben unsere Heulsuse war. Wir andern schwiegen beklommen. Es lag etwas in der Luft. Dann endlich kam Vater. Er sah blaß und elend aus. Langsam setzte er sich auf einen Stuhl, schaute uns alle der Reihe nach an und sagte mit belegter Stimme: »Mutter und ich haben beschlossen, euch in etwas einzuweihen. Aber ich möchte euch bitten, niemals mit Judy darüber zu reden. Könnt ihr mir das versprechen?« Wir blickten auf den Boden und dann uns gegenseitig an. Schließlich antwortete Harald: »Wir versprechen es. Was ist mit Judy?«

»Sie wird sterben«, sagte Vater. »Die Ärzte geben ihr höchstens noch ein Jahr. Ich möchte, daß ihr immer lieb zu ihr seid, auch wenn sie mal ungnädig ist. Wir haben sie nicht mehr so lange, daß wir es uns leisten können, ihr auch nur einen Tag Kummer zu machen.«

Wir wußten, daß mit unserer jüngsten Schwester etwas nicht stimmte. Sie wurde des öfteren in die Klinik gefahren – zur Untersuchung hieß es. Manchmal wurde sie auch gleich dabehalten. Aber wenn sie wiederkam, war sie immer wohlauf und fröhlich. Wenn wir fragten, was sie denn eigentlich habe, bekamen wir von Mutter zu hören: »Ach, irgendwas mit dem Blut. Das gibt sich schon wieder.« Wir hatten dann auch nicht weiter gefragt. Jetzt wußten wir also, daß es sich nicht wieder gab und daß wir unsere Schwester bald verlieren würden. Wir drei Kinder standen dicht aneinandergepreßt und würgten an einem Kloß im Hals.

Vater saß immer noch traurig und gebeugt auf seinem Stuhl. Ich wäre so gern zu ihm hingegangen, um ihm etwas Liebes zu sagen. Doch wie immer in bedrückenden Situationen, fehlten mir die Worte. Neulich noch hatte ich ihm vorgeworfen, er kümmere sich viel zu wenig um uns. Es drehe sich bei ihm immer nur alles um Judy. »Judy ist krank«, hatte er geantwortet. Das brachte mich in Harnisch. »Wir müssen wohl erst krank sein, bevor ihr euch um uns kümmert? Und auch das ist euch egal. Wie war es denn, als Harald die Grippe hatte? Niemand hat großes Getue um ihn gemacht. Dabei hatte er hohes Fieber. Aber Judy, die braucht bloß mal zu mucksen, schon habt ihr nur noch Augen für sie. Sie ist wohl was Besonderes.«

»Geh mir aus den Augen«, hatte Vater grimmig geantwortet. Und seitdem hatten wir es vermieden, uns zu begegnen. Ach Vater, warum hast du mir nichts gesagt. Wenn ich gewußt hätte...

Der Schock saß tief. Wenn wir Judy lachend durchs Haus hüpfen sahen, konnten wir gar nicht an ihren baldigen Tod glauben. Wenn sie zänkisch war, vergaßen wir manchmal, daß wir versprochen hatten, sie widerspruchslos zu ertragen. Fuhr Mutter mit ihr ins Krankenhaus, blieb in uns die bange Frage, ob sie wohl noch einmal zurückkomme.

»Was mit Judy wohl wird, wenn sie tot ist?« fragte Helga einmal. »Ach, nichts mehr«, antwortete Harald. »Wenn man tot ist, ist man tot. Man verwest, das ist alles.«

»Du glaubst im Ernst, wir hören auf, zu sein?« fragte ich ihn entsetzt, »uns erzählt man doch immer von Auferstehung.«

»Alles Unsinn«, meinte Harald. – »Nein, das glaube ich nicht«, antwortete ich energisch, »ich kann und will es nicht glauben. Wenn unser Leben mit dem Tod beendet ist, was hat es dann überhaupt für einen Sinn gehabt, zu leben? Wenn ich ohne jeden Zweck, nur durch Zufall hier bin, weshalb gehe ich in die Schule? Weshalb will ich einen Beruf lernen und Geld verdienen? Weshalb erziehen uns unsere Eltern zu guten Manieren und Rücksichtnahme? Wir können doch nur lernen, gute Menschen zu werden, wenn ein Sinn dahintersteht, sonst brauchen wir uns ja gar nicht erst anzustrengen. Es passiert weiter nichts, als daß wir alle vernichtet werden. Aus.«

»Na ja«, meinte Harald, »da wir nun einmal leben, sollten wir wohl versuchen, uns das Leben so erträglich wie möglich zu machen. Das ist der ganze Sinn.«

»Ich glaube auch nicht, was du sagst«, schrie Helga den Bruder an. »Judy wird nicht vernichtet! Sie kommt in den Himmel!«

Ich hätte am liebsten die Eltern gefragt, wie sie darüber dachten. Doch irgendwie wagte ich nicht, das Thema Tod in ihrer Gegenwart anzusprechen. Es war mir fast, als hätte Vater uns nicht gebeten, Judy gegenüber zu schweigen, sondern den Eltern gegenüber. In Judys Gegenwart gaben wir uns alle fröhlich.

Und in mir schrie es: Alles Lüge! Wir machen nicht nur Judy etwas vor, sondern auch uns. Wir lachen, obwohl wir es nicht wollen. Wir spielen heile Familie, obwohl wir es nicht sind. Keiner spricht über das, was ihn bewegt. Und nicht nur deshalb, weil wir Judy schonen wollen, sondern weil wir selbst Angst haben vor dem Tod.

Eines Tages hielt ich die Last des Schweigens nicht mehr aus. Es war am Abend. Harald war mit einem Freund ins Kino gegangen. Helga und Judy schliefen schon. Ich saß bei den Eltern mit einem Buch auf dem Schoß, in dem ich nicht las. »Mama, Vater«, sagte ich verzweifelt, »ich halte es nicht mehr durch, so zu tun, als sei nichts. Ich will nicht, daß Judy stirbt. Aber es ist mehr als das. Ich habe solche Angst vor dem Tod.«

Mutter schaute mich traurig an. »Meinst du, wir hätten keine Angst? Aber ich will nicht, daß auch Judy Angst haben muß. Wenigstens die Angst will ich ihr ersparen.«

Vater legte seine Hand auf die meine. »Karin«, sagte er, »wir müssen da hindurch, durch diese Angst. Und wir werden lernen müssen, auf dieses Kind zu verzichten. Sie wird bei uns weiterleben. Das fühle ich.«

Da sahen wir plötzlich Judy in der Tür. Wie lange sie schon so dagestanden haben mochte, weiß ich nicht. Sie sah uns an mit weit aufgerissenen Augen.

»Judy«, rief Mutter. Judy lief auf sie zu und schluchzte kurz auf. Mutter nahm sie tränenüberströmt in ihre Arme. Schließlich weinten wir alle. »Ist das wahr«, stammelte Judy, »muß ich sterben? Ihr habt doch immer gesagt, das kommt schon in Ordnung, ich soll nur Geduld haben.«

»Ja, mein Liebling«, flüsterte Mutter. »Es wird alles wieder gut.«

»Aber ich sterbe doch.«

»Sterben ist nichts Schlimmes für dich, mein Schatz. Du wirst nicht mehr leiden müssen und kommst in den Himmel. Es ist schwer für uns, weil wir dich dann nicht mehr hier bei uns haben.«

»Ich will noch bei euch bleiben«, sagte Judy, »ich hab doch noch nicht lange gelebt.«

»Wenn der liebe Gott dich aber jetzt haben will, können wir gar nichts machen«, antwortete Mutter leise.

Judy wandte sich an Vater. »Kannst du den lieben Gott nicht bitten, mich noch eine Weile hier zu lassen?«

Vater rückte näher an Mutter und Judy heran. Er strich dem Kind über die Haare und murmelte: »Das habe ich schon getan. Aber er hat nein gesagt.«

Zwei Tage später sagte Judy beim Mittagessen zu uns: »Ich habe den lieben Gott auch gebeten, mich noch ein bißchen bei euch zu lassen. Aber er hat gesagt, daß er mich braucht.« Damit schien für sie das Thema ausgeschöpft zu sein. Ich hätte so gern mit ihr über alles gesprochen. Doch Judy schien es natürlich zu finden, daß sie im Himmel gebraucht wurde. Einmal, als Helga ihr unwirsch den Füllfederhalter abnahm und brummte, sie solle nicht immer an ihre Sachen gehen, antwortete Judy nur: »Du bist mich ja bald los.« Darauf fing Helga an zu weinen und drückte ihr den Füller in die Hand. »Du kannst ihn ruhig haben. Ich habe das nicht so gemeint.«

Einige Zeit später begann Judy, in ihren Sachen herumzukramen und eifrig etwas auf ein Papier zu schreiben. »Was machst du da, Judy?« fragte ich neugierig. Sie wurde ein wenig rot. »Ich ordne nur meine Sachen und schreibe auf, was jeder davon haben soll.« – »Aber Herzchen, das hat doch noch Zeit!« – »Nein«, antwortete sie energisch, »das hat keine Zeit mehr. Der liebe Gott will mich schon bald haben. Darum laß mich jetzt weitermachen.«

Ich war erschüttert über die Ruhe, die sie ausstrahlte. Wenn man sie so hantieren sah, dachte man, sie gehe bloß auf eine Reise in eine andere Stadt. Von dem Tag an habe ich ständig gebetet: »Lieber Gott, mach, daß unsere Judy nie Angst bekommt. Laß sie ruhig gehen!«

Als kurze Zeit später wieder eine Untersuchung fällig war, bat Judy die Eltern: »Bringt mich nicht wieder ins Krankenhaus. Ich will bei euch sterben.« – »Liebling«, antwortete Mutter, »wir bringen dich nicht zum Sterben dahin. Die Ärzte helfen dir nur, damit du noch ein Weilchen länger bei uns sein kannst.« Judy schüttelte den Kopf. »Das können die Ärzte nicht mehr. Wenn ihr mich dort laßt, laufe ich fort.«

Vater nahm sie in den Arm. »Ist schon recht, mein Kind, reg dich nicht auf. Wir bringen dich nur zur Untersuchung hin. Aber wir lassen dich nicht da. Das verspreche ich dir.«

Vater hat sein Versprechen gehalten. Er brachte sie wieder mit nach Hause. »Was haben die Ärzte gesagt?« fragte ich ihn, als wir allein waren. Er zuckte müde die Schultern. »Es ist vorbei«, antwortete er tonlos. »Jetzt dauert es nicht mehr lange.«

»Aber du hast immer noch gehofft, nicht wahr, Vater?«

»Ja, Karin, das habe ich. Gott nimmt mir das Kind, um mich zu strafen.«

»Aber Vater«, rief ich aus, »sag das doch nicht. Was hast du schon getan, um eine solche Strafe zu verdienen?«

»Ach Karin.« In seinen Augen schimmerten Tränen. »Ich werde es dir erzählen, weil du meine Älteste bist. Schau, die Judy habe ich eigentlich nicht mehr haben wollen. Ich hatte an drei Kindern genug und war außerdem arbeitslos, als Mutter mit ihr schwanger ging. Ich habe versucht, Mutter davon zu überzeugen, daß sie es abtreiben lassen solle. Aber sie hat es nicht zugelassen. Und ich in meinem dummen Trotz habe mich die ganze Zeit kaum um die Familie gekümmert. Ich ging viel aus und trank auch mehr, als mir gut tat. Mutter war immer allein mit euch und ihren Sorgen, die ganze Zeit hindurch. Als Judy geboren wurde, wollte ich sie nicht einmal sehen.«

»Aber es hat sich doch wieder eingerenkt, Vater?« sagte ich leise. »Du hast Judy doch dann sehr lieb gehabt. Manchmal hatte ich sogar das Gefühl, du ziehst sie uns vor.«

»Ich zog sie vor, weil ich mich ihr gegenüber immer schuldig fühlte. Aber jetzt, da sie uns verläßt, weiß ich erst, wie sehr ich sie auch liebe.« Vater legte seinen Kopf an meine Schulter und weinte. Ich strich ihm tröstend über das Haar. Worte, die ihn hätten aufrichten können, fand ich nicht.

Mit Judy ging es nun bergab. Sie schlief viel. Aber auch wenn sie wach war, lag sie meistens im Bett. Nur hin und wieder stand sie auf und lief ein wenig durch die Wohnung. Sie blieb vor jedem Schrank stehen, vor jedem Stuhl. Sie streichelte das Radio und küßte die Blumen auf den Fensterbänken. Judy nahm Abschied.

Wir ließen sie nun nicht mehr allein. Abwechselnd saßen wir bei ihr am Bett und lasen oder sangen ihr etwas vor, je nachdem, was sie gerade lieber hatte. Und wir unterhielten uns mit ihr über alles mögliche. Judy hatte am liebsten die »Ach-weißt-du-noch-Geschichten«. Das waren Erlebnisse aus früheren Tagen, Streiche, die wir den Eltern oder Lehrern gespielt hatten, Kinderabenteuer, Weihnachtsüberraschungen und all die Dinge, die wir längst vergessen meinten und die jetzt wieder vor uns standen, als seien sie erst gestern geschehen. Judy strahlte dann immer über das ganze Gesicht. »Ach, so war es«, sagte sie, wenn eine Geschichte zu Ende war.

Am Abend vor ihrem Tod bat sie: »Ich möchte, daß ihr mir Vergißmeinnicht auf das Grab pflanzt, nichts weiter als schöne, blaue Vergißmeinnicht. Tut ihr das?« Wir versprachen es. In der Nacht schlief sie dann für immer ein, sanft und angstfrei.

Paul Deitenbeck

Annette

Wir hatten sie erbeten, mit Freude erwartet, und zwei knappe Kleinkinderjahre lang war sie unser Sonnenschein. Bis jene tückische Krankheit auftrat, die die letzten 14 Monate ihres Lebens überschattete: eine Nierenschrumpfung, vielleicht durch eine nicht entdeckte Infektion ausgelöst.

Ein schrittweises Abschiednehmen von einem lieben kleinen Menschen, über-sensibel geworden durch das Bewußtsein der eigenen Krankheit, begann. Wir haben ihr durch einen gesegneten Mann die Hände auflegen lassen, und es ist viel gebetet worden für dieses Kind. Bis zuletzt haben wir mit einem Wunder Gottes gerechnet, er aber hielt das Verwunden für richtiger als das Wunder.

Die Väter haben gesagt, daß zur inneren Zubereitung des Predigers die Meditatio gehört, das Nachsinnen über den Text, die Oratio, das Gebet, und die Tentatio, die Anfechtung. Und hier muß ich jene schmerzlichen 14 Monate einordnen. Nur erlittenes Leid führt zu erfahrener Tröstung (2. Kor. 1, 3ff.), und nur wer aus erster Hand Trost empfangen hat, kann ihn an andere weitergeben. Die Sprüche aus der Trost-Schatulle helfen nicht.

Als wir Annette nach einem Jahr des Kämpfens um ihr Leben die Augen zudrückten, war es für sie Erlösung aus schwerster Atemnot. Sie war zu Hause bei Gott, nichts konnte ihr mehr geschehen, und darüber wurden wir ruhig und dankbar.

In aller Stille haben wir das Kind zu Grabe getragen und erst hinterher die Anzeigen verschickt, weil wir viele Menschen zu diesem Zeitpunkt nicht hätten ertragen können. Und dann haben wir lernen müssen, unsere Augen und unsere Herzen wegzulenken von diesem Anblick des schrecklichen Sterbens. Es dauerte lange, bis wir von dem Bild des Erstickens loskamen und uns unser Kind wieder fröhlich in seinem Ställchen spielend vorstellen konnten.

Seitdem versuche ich, auch andere Leidtragende dahin zu bewegen, daß sie sich nicht an den Augenblicken des Todes festhalten. Walter Flex hat einmal gesagt: »Wenn wir gestorben sind, dann haltet uns nicht in dem letzten Schrecken des Todes fest, sondern wie wir im täglichen Leben waren.«

Wir dürfen die, die nicht mehr bei uns sind, so in Erinnerung behalten, wie wir sie – als Menschen und als Christen – im täglichen Umgang erlebt haben.

Management in der Großfamilie

Jürgen Liminski

Der mit den acht

Wir sind normal. Das müssen wir uns gelegentlich sagen – damit wir daran glauben. Denn in der Realität macht uns eine Zahl immer wieder einen Strich durch die Rechnung der Normalität. Wir sind nämlich Mutter, Vater und neun Kinder.

Na und? Was ist denn dabei, wenn man neun Kinder hat? Dann muß man pro Woche statt drei bis sechs Liter Milch wenigstens zwanzig kaufen und statt vier Brötchen morgens fünfzehn. Und dann gehe ich kurz vor Schließung des Lokals zum Metzger und räume die Theke ab – zum Sonderpreis. Wurstenden oder Schinkenreste will heute keiner mehr. Wir nehmen sie mit und machen uns ein Omelett. So richtig mit Bratkartoffeln und vielen Extras. Wenn im Eifer des Küchengefechts mal die Pfefferdose aus der Hand fällt, heißt das dann Piraten-Omelett. Alles eine Frage des Verkaufens.

Manchmal fällt die Vielzahl doch auf. Etwa vor drei Jahren in der Universität Sabana von Bogotá. Da saß ich mit drei Professoren aus dem Fach Kommunikations- und Informationswissenschaften der Universität von Navarra und einem Freund von der BBC auf dem Podium, vor uns gut zweihundert Studentinnen und Studenten, die Journalismus als Berufsziel hatten und denen wir einige Erfahrungen und sonstiges Wissenswertes über Presse und Rundfunk in Europa und den USA vermitteln sollten. Einer der Gelehrten stellte uns vor. Die Liste der wissenschaftlichen und beruflichen Leistungen der Kollegen war lang, die Erwartung wuchs. Für mich hatte er sich als Schlußsatz zurechtgelegt: »Und trotz seiner sichtbaren, vom Bart nur oberflächlich verdeckten Jugend ist dieser Señor noch Vater von acht Kindern.«

Ein Raunen hob an, die Hälse reckten sich. Der Saal summte von offen geäußertem, freudigem Erstaunen. Schamesröte schoß mir ins Gesicht. Es nutzte nichts zu beteuern, daß die Kinderzahl keine wissenschaftliche Qualifikation sei. Ich war fortan »el de los ocho« (der mit den acht), so wie man früher im wilden Texas vielleicht einen Mann mit acht Kerben im Revolver genannt haben mochte. El de los ocho. Der Aufmerksamkeitsgrad für meine Ausführungen war erheblich.

Also noch einmal, wir sind normal. Und zwar alle, auch Gwenael, der jetzt fast sechs Monate alt ist (der Name stammt wie Gwenaels Mutter aus der Bretagne, meine teutonischen Vorschläge wurden überstimmt). Es gibt da nur ein paar logistische Probleme. Seit wir den Kleinbus haben und das Haus, das de facto unserer Bank gehört, ist einiges schon in der Reihe. Der Rest ist eine Frage der Organisation. Etwa nach dem Motto: Normalität mal neun.

Jeder hat seinen Job. Zum Beispiel: Thiebaut (zwölf Jahre) macht den Mülldienst. Einem Besucher, der nach seinem Job fragte, sagte er in (für die Eltern) peinlicher Unbefangenheit: »Ich bin hier der Türke.« Diese Anekdote sollte ich eigentlich nicht weitererzählen. Die meisten waren – bei der »Dichterlesung« am Tisch – dagegen, weil das einen falschen Eindruck vermittle, von uns und von den Türken. Gerade ich hätte doch viele türkische Freunde und müßte darauf bedacht sein, daß man beim Thema Türken in Deutschland gerecht bleibe und differenziere. Müllmann sei kein schlechter Beruf, warf ein anderer ein, auch Thiebaut mache seinen Job gern und gut. Ja, aber die Vorurteile, soll man die denn mit solchen Bemerkungen noch unterstützen, fragte der dritte. Und der vierte gab zu bedenken, daß man ja auch die Wahrheit schreiben könne, so wie es jemand gesagt hat. Der Leser könne sich dann sein eigenes Urteil bilden.

Die Diskussion ging noch ein paar Runden weiter. Wir haben wenigstens eine gemeinsame Mahlzeit pro Tag, dabei ergeben sich immer wieder interessante Gespräche. Alle lernen davon, auch die Eltern und die, die nur zuhören. Das Tischgespräch ist eine Börse des Alltags, eine Schatzkammer der Erkenntnisse. An dieser Börse gibt es immer etwas zu gewinnen. Zum Beispiel können die Eltern meist en passant korrigierend ihre Meinung einbringen, ohne erhobenen Zeigefinger, einfach als Broker. Dieser tägliche Börsentermin ist für unser Unternehmen Familie wichtig. Er stärkt die Einheit und gleicht Interessen aus, auch wenn der Kurs manchmal vom Oberbörsianer abschließend bestimmt wird. Ich denke, das ist normal.

Tobias (elf Jahre) sollte eigentlich Lichtdienst machen, also dafür sorgen, daß wir zwar nicht gerade in einer Dunkelkammer leben, aber eben auch nicht wie auf der Bühne der Metropolitan. Gäbe es wie für das Fernsehen eine Fernbedienung und keine Treppen im Haus, es würde klappen.

Apropos Fernsehen: Seit zwei Jahren haben wir ein Elektroschloß. Man gibt eine Zahlenkombination ein und ist alle Sorgen los. Wenn ich noch an die Kämpfe mit den alten Kisten denke...

Wie die Jungs sich Kabel nachgebastelt haben, weil die Eltern sie raffiniert versteckt oder ganz einfach unerreichbar in der Hosentasche hatten, und wie schnell das Schloß des konventionellen Geräts demontiert, der Punkt gefunden war, auf den man in einer ruhigen Stunde – also wenn Mutter einkaufte oder Vater selbstvergessen vor dem Computer saß – mit einer Nadel drücken mußte, damit das Fenster in die flimmernde Welt aufging. Das waren anstrengende Zeiten. Heute besteht nur Glotzgefahr, wenn Vater eine Fernsehkritik schreiben muß und nachher einfach sitzen bleibt. Wie ein normaler Bürger.

Annabelle (siebzehn) bügelt am Wochenende einen kleinen Teil des Wäschebergs platt. Oder auch nicht. Thomas (fünfzehn) ist der Boß in Sachen Garage und Handwerksarbeiten, das hat er von seinem Großvater, der immer kam, sah und reparierte. Vanessa (dreizehn) kümmert sich viel um Gwenael, der schon mit vier Monaten zwei Zähne bekommen hat, worauf alle mächtig stolz sind. David und Arnaud (neun und sieben) müßten eigentlich im Spielzimmer für Ordnung sorgen. Dazu und vielfach auch zur Erfüllung der anderen Dienste bedarf es meist der Ordnungsmacht. Das bin ich. Bei den Kleinen ist das unproblematisch, für sie ist Papa immer der Größte. Oder ist die Größe auch hier nur relativ?

Als ich mich vor einiger Zeit mit erhobener

Stimme im Spielzimmer um Ordnung bemühte, meinte David zu Tobias: »Boh, kann der Papa schreien.« Tobias, der wie David mit dem Donnerwetter nichts zu tun hatte und sozusagen unbeteiligt im Auge des Taifuns saß, antwortete mit dem Wissen des damals immerhin Zehnjährigen: »Alle Papas können schreien.« Darauf David: »Ja, aber unser Papa ist viel lauter als die anderen. Der ist sogar lauter als der Bundeskanzler.« Mir verschlug es die Sprache. Übrigens nicht zum ersten Mal.

Für alle zusammen gilt der Küchendienstplan, ausgeklügelt nach Präsenz und Volumen. Da jeder irgendwann irgendwo irgendeine Beschäftigung hat, kostet das genauso viel logistisches Geschick wie das Erstellen eines Stundenplans einer mittleren Dorfschule. Es funktioniert. Mittlerweile gehört dieser Dienst zum Alltag.

Zum Alltag gehören auch bestimmte mißliche Kleinigkeiten, weil es uns in dieser Vielzahl eigentlich nicht gibt. Das fängt an bei Formularen, die beim dritten, höchstens fünften Kind aufhören. Danach gibt es keinen Platz mehr auf dem Papier. Das geht weiter mit den anzüglichen Bemerkungen über das Kindergeld, von dem man ja so gut leben könne – es deckt, um in der materialistischen Kategorie zu bleiben, ein knappes Viertel der Unterhaltskosten für die Kinder –, ferner Gebärorden, Asozialität, und da sind dann noch ein paar typische Redewendungen, auf die weiter einzugehen sich nicht lohnt.

Angenehm sind die ehrlichen Egoisten, die gleich sagen: »So viele Kinder mag ich nicht.« Bis vor fünf

Jahren wohnten wir in einem hübschen Altbau mit Garten. Preiswerte Miete, alles renoviert, Platz zum Spielen im Garten, aber wenig Zimmer im Haus. Als mit der Zeit die Kinder tatsächlich größer wurden, wuchs auch der Bedarf an Raum, schon um die berühmte Aggressivität abzubauen, die ja bekanntlich bei kinderreichen Familien zu unglaublichen Exzessen führen soll.

Es ist für alles gesorgt, wenn man Geld oder Tiere hat und ein größeres Haus mieten will. Einer sagte: »Wenn sie sieben Krokodile oder sieben Löwen hätten, das wäre originell. Aber sieben Kinder, nein danke.« Ich bedankte mich auch. Selten habe ich einen schöneren Beweis per Vergleich dafür bekommen, daß wir normale Leute sind, nur eben ein paar mehr als sonst üblich. Die Sachlage war so, daß wir schließlich bauen mußten. Jetzt haben wir genug Platz für unseren »Zoo«.

Immer wieder die Zahl. Wie oft werden wir Eltern gefragt, ob wir alle Kinder gewollt haben. Natürlich haben wir sie gewollt, wenn auch nicht geplant. Das mag für manchen Sicherheitsapostel frevelhaft leichtsinnig klingen. Aber ohne die Bereitschaft, ein Stück menschliche Ungewißheit zu akzeptieren, ja manchmal sogar ein Risiko einzugehen, wären die Deutschen um einen Wolfgang Amadeus Mozart oder Johann Sebastian Bach, einen Richard Wagner oder Otto von Bismarck, einen Freiherrn vom Stein, Immanuel Kant, Franz Schubert, Carl Maria von Weber, Ludwig van Beethoven oder Georg Friedrich Händel ärmer. Denn all diese Menschen, denen man geniales Wirken und Talent nachsagt, wären in der heutigen Durchschnittsfamilie von 1,7 Kindern plus Haustier nicht geboren worden. Sie hatten wenigstens drei ältere Geschwister, Schubert, Weber, Bach, Händel, Wagner und Mozart sogar sechs. Sie selbst wären totgeplant gewesen, bevor sie überhaupt empfangen worden wären.

Damit will ich nicht sagen, daß wir unerkannt ein paar Genies unter dem Dach unseres Hauses hüten. Dafür gibt es leider noch keine Anzeichen – trotz angestrengter Beobachtung. Sagen läßt sich aber dies: Geplant oder gewünscht ist nicht immer gleich geliebt. Ich widerspreche der Behauptung, eine erforderliche Erziehung sei nur bei einem gewissen materiellen Minimum und der also entsprechend kleinen Zahl von Kindern möglich. Materieller Wohlstand ist sicher wichtig, aber nicht wesentlich.

Für den besten Beitrag zur familiären Herzlichkeit und Wärme sorgen die Kinder oft selbst. Einmal kam Vanessa schneller vom Fechten nach Hause als gewöhnlich. Ihre Begründung: »Ich hatte so große Lust, mein kleines dickes Brüderchen zu sehen und mit ihm zu spielen.« Das war damals Nathanael, den alle Momo nennen. Dieses alltägliche, ganz normale Glücksgefühl kann kein noch so durchdachtes Spielzeug oder raffiniert eingerichtetes Kinderzimmer vermitteln. Spielzeuge lieben nicht.

Ein anderes alltägliches Glück erfuhr Vanessa von einem Einzelkind, ihrer Freundin Silke. Von Silke eingeladen und kurz nach einem Streit mit Thiebaut und Tobias wegen deren Imperialismus im Spielzimmer, freute sie sich über die Ruhe bei ihrer Freundin; Puppenstube und Einkaufsladen, Puppenkleider, -wagen und -betten standen ihr allein zur Verfügung. Keiner machte ihr etwas streitig.

Das sagte sie auch. Die Antwort ihrer damals zehnjährigen Freundin war verblüffend: »Weißt du, Vanessa, ich habe zwar viele Spielsachen, und keiner bringt sie mir durcheinander. Aber du hast es doch besser. Was soll ich allein mit all den Sachen? Ich habe keinen, mit dem ich immer spielen kann, du hast immer jemanden. Ich kann mit keinem teilen, du kannst immer teilen. Ich bin so oft allein mit all meinen Sachen.« Was für eine Lektion sozialen Handelns und Verhaltens aus Kindermund! Teilen lernen setzt teilen können voraus.

Auch die Dienste oder Jobs sind tägliche Lehrstunden. Sie führen in der Regel zu Bemerkungen, bissigen und ironischen, lustigen und ärgerlichen. Sie pflegen unsere Streitkultur. Das erscheint uns wichtig im Management einer (größeren) Familie: die Pflege der Streitkultur. Nicht daß man ständig sticheln oder Streit suchen sollte. Nein, die gekonnte Auseinandersetzung mit den Gedanken und Interessen anderer ist in unserer pluralistischen Gesellschaft wichtiger denn je. Woher, wenn nicht von zu Hause, sollen die Kinder zuerst Argumente und Kriterien bekommen, um Handeln und Denken in Schule, Beruf und Gesellschaft zu beurteilen? Die beste Art und Weise, Argumente und Kriterien für diese künftige Selbständigkeit in der pluralistischen Welt zu vermitteln, ist das alte Konzept »to learn to swim by swimming«.

Konkret: Indem jedes Kind kleinere und größere Aufgaben übernimmt, lernt es schrittweise persönliche und soziale Verantwortung zu tragen und zu üben. Wer seine Aufgabe auf Kosten anderer vernachlässigt, muß im günstigen Fall im Familienrat dafür geradestehen, im ungünstigeren riskiert er den pädagogischen Rempel. Er muß verantworten, sprich argumentieren, sich einen kritisch-konstruktiven Geist aneignen. Das gehört, denken wir, zur Lebenstüchtigkeit.

»Die Familie verfügt über große schöpferische Kräfte«, schreibt Robin Skynner, »zerfällt sie, wächst ihr ein ähnlich großes Potential an Zerstörungskraft zu.« Die Kunst des Familienmanagements besteht darin, diese Kräfte zu bündeln und zu kanalisieren, damit jedes Kind bekommt, was es braucht. Das gelingt nicht immer. Ein Glück, denn sonst ginge die Rechnung mit der Normalität nicht mehr auf.

Quellennachweis

An dieser Stelle danken wir den Verfassern und Verlagen für die freundliche Erlaubnis zum Abdruck der Texte.

Angela Sommer-Bodenburg in: »Ich lieb dich trotzdem immer«, G. Middelhauve Verlag, Köln 1982

Barbara Seuffert, Die Liebeserklärung, aus: »Du, was ich Dir sagen wollte. Liebeserklärungen an Mütter und Großmütter«, Christliches Verlagshaus, Stuttgart 1990

Hanna Ahrens, »Ohne uns würdest du es nie schaffen!«, aus: »Schenk mir einen Regenbogen«, Brunnen Verlag, Gießen 1990[6]

Ruth Seamands, Ein Tag mit meinen Engeln, aus: »Ich bin die Frau vom Missionar«, Evangelischer Missionsverlag, Stuttgart 1988

Peter Rosegger, Ums Vaterwort, aus: »Waldheimat. Erzählungen aus der Jugendzeit«, L. Staackmann Verlag, München 1990

Anna Katterfeld, Seliges Kinderland – Über Friedrich von Bodelschwinghs Kindheit, aus: »Die Stadt der Barmherzigkeit«, St. Johannis Druckerei, Lahr 1988

Alfred Salomon, Der Vater fängt dich auf, aus: »Gott war mir immer nah – manchmal näher als mir lieb war. Erzählungen aus meinem Leben«, Brendow Verlag, Moers 1986

Peter Strauch, Abends, wenn ich heimkomme, aus: »Unterwegs erlebt«, R. Brockhaus Verlag, Wuppertal und Zürich 1986

Manfred Hausmann, Martin entdeckt den Weihnachtsstern, aus: »Martin, Isabel, Andreas«, C. Bertelsmann Verlag GmbH, München 1973

Elisabeth Währisch, Kinder sind Schätze/»Die güldne Sonne« paßt immer/Wer packt mit an?; aus: »Der Staub kann bleiben«, Entdeckungen im Alltag, Kurzgeschichten, Schriftenmissions-Verlag, Neukirchen-Vluyn 1989[5]

Hanna Ahrens, Schulreifetest, aus: »Schenk mir einen Regenbogen«, Brunnen Verlag, Gießen 1982

Amei-Angelika Müller, »Un des sollet Pfarrerskender sei!«, aus: »Pfarrers Kinder, Müllers Vieh«, Salzer Verlag, Heilbronn 1978

Helmut Thielicke, Rainer sorgt für Aufregung, aus: Helmut Thielicke, »Der Nestbau in Wellingsbüttel«, Das erste Jahrzehnt in Hamburg (1954–1964) aus ZU GAST AUF EINEM SCHÖNEN STERN, Erinnerungen. Hoffmann & Campe Verlag, Hamburg 1984

Paulgeorg Juhl, A und O, aus: »Damit Du nicht so allein bist. Geschichten aus unserer Zeit«, Christliches Verlagshaus, Stuttgart 1989

Charlotte Hofmann-Hege, Wunderbare Welt/Vermißt, aus: »Spielt dem Regentag ein Lied«, Salzer Verlag, Heilbronn 1970

Hans Roesch, Die Wiedergeborene, aus: Ludwig Kendel (Hrsg.), »Seufzend glücklich. Heitere und ernste Muttergeschichten«, Salzer Verlag, Heilbronn 1985

Johannes Schöne, Die kleine Weisheit, aus: »Predigt vor leeren Bänken«, Evangelische Verlagsanstalt, Berlin 1978

Erika Ludwig, Die seltsamen Wege Gottes, aus: »Segensspuren«, Christliches Verlagshaus, Stuttgart 1989

Wilhelm Busch, »... gib mir einen neuen, gewissen Geist...«, aus: »Kleine Erzählungen«, Quell Verlag, Stuttgart 1947

Edna Hong, Alles hat einen Knacks – Weihnachten in Bethel, aus: »Tal der Liebe«, R. Brockhaus Verlag, Wuppertal und Zürich 1981

Ursula Becker, Nur Judy wurde nicht gerufen, © Gayda-Press, Günzburg

Paul Deitenbeck, Annette, aus: »Eigentlich nichts Besonderes«, R. Brockhaus Verlag, Wuppertal und Zürich 1979

Jürgen Liminski, Der mit den acht, aus: »Rheinischer Merkur/Christ und Welt« Nr. 39/1989

In gleicher Aufmachung erschien von den Herausgebern:

Beate und Gerd Ulmer

Liebe braucht ein Zuhause

Vom Glück in der Ehe

140 Seiten. Best.-Nr. 112 575

»Die höchste Gabe Gottes ist ein fromm, freundlich, gottesfürchtig und häuslich Gemahl haben, mit der du friedlich lebest, der du darfst all dein Gut und was du hast, ja dein Leib und Leben anvertrauen.« (Martin Luther)

In 22 Geschichten wird von Ehepaaren aus fünf Jahrhunderten berichtet, die diese Gnade und Gabe Gottes erlebt haben, die Martin Luther meint. Sie zeugen vom Glück des Lebens zu zweit und strahlen etwas von der Faszination aus, die nur der Ehe eigen ist.

CHRISTLICHES VERLAGSHAUS